MW01200837

SOLDADOS DA BORRACHA

O EXÉRCITO ESQUECIDO QUE SALVOU A *SEGUNDA GUERRA MUNDIAL*

Pontifícia Universidade Católica
do Rio Grande do Sul

GARY NEELEMAN *E* ROSE NEELEMAN

SOLDADOS DA BORRACHA

O EXÉRCITO ESQUECIDO QUE SALVOU A *SEGUNDA GUERRA MUNDIAL*

To Erik,
Nosso grande ajudante
Com amor
Rose Neeleman
Gary Neeleman

EDIPUCRS

PORTO ALEGRE
2015

© EDIPUCRS 2015

CAPA Thiara Speth

PROJETO GRÁFICO E DIAGRAMAÇÃO Thiara Speth

REVISÃO DE TEXTO Fernanda Lisbôa

IMPRESSÃO E ACABAMENTO Gráfica Epecê

TRADUÇÃO DO INGLÊS PARA PORTUGUÊS Traduções do Mercosul.
Traduzido de *Rubber Soldiers: The Forgotten Army that Saved World War II*,
impresso em outubro de 2013.

Edição revisada segundo o novo Acordo Ortográfico da Língua Portuguesa.

EDIPUCRS – Editora Universitária da PUCRS

Av. Ipiranga, 6681 – Prédio 33
Caixa Postal 1429 – CEP 90619-900
Porto Alegre – RS – Brasil
Fone/fax: (51) 3320 3711
E-mail: edipucrs@pucrs.br
Site: www.pucrs.br/edipucrs

Dados Internacionais de Catalogação na Publicação (CIP)

N379s   Neeleman, Gary
    Soldados da borracha : o exército esquecido que salvou a II
  Guerra Mundial / Gary Neeleman, Rose Neeleman. – Porto Alegre :
  EDIPUCRS, 2015.
    242 p.

   ISBN 978-85-397-0729-4

    1. Brasil - História. 2. Segunda Guerra Mundial, 1939-1945 -
  Brasil. 3. Borracha - Amazônia – História. I. Título. II. Neeleman,
  Rose.

                 CDD 981.112

Ficha catalográfica elaborada pelo Setor de Tratamento da Informação da BC-PUCRS.

Aos milhares de homens recrutados no nordeste do Brasil para extrair borracha, para os esforços das Forças Aliadas em 1942, conhecidos como

"OS SOLDADOS DA BORRACHA"

AGRADECIMENTOS

A HISTÓRIA DOS SOLDADOS DA BORRACHA é uma das mais dramáticas e não contadas da Segunda Guerra Mundial. Fora do Brasil, pouquíssimas pessoas já ouviram falar da saga do Exército da Borracha. Ao pesquisar esta incrível história, nos últimos anos, tivemos que confiar nos serviços de vários indivíduos que nos forneceram não só pesquisas fundamentais, como as realizadas nos arquivos do Congresso Norte-Americano, mas também acesso aos eventos e às raras experiências de milhares de homens que trabalharam e deram suas vidas para ajudar os Aliados na busca da borracha durante um período crítico da Segunda Guerra Mundial.

A WADE DAVIS, principal explorador da Amazônia para a National Geographic e reconhecido autor, agradecemos por seu incentivo e colaboração enquanto montávamos esta história, e por seu profundo conhecimento da história da borracha.

A DANIEL GOASLIND, um brilhante jovem estagiário do Instituto de Hinckley, na Universidade de Utah, que, enquanto estava estagiando no escritório do Senador Orin Hatch, de Utah, passou inúmeras horas mergulhado nos arquivos do Departamento de Estado Norte-Americano para descobrir os contratos originais entre os governos do então presidente americano, Franklin D. Roosevelt, e do presidente brasileiro, Getúlio Vargas, que forneceu o entendimento entre os dois países para a busca da borracha na Bacia do Rio Amazonas.

A ARIADNE ARAÚJO, jornalista do estado do Ceará, de onde vieram a maioria dos soldados da borracha. Sua criteriosa reportagem sobre esta incrível história forneceu informação fundamental sobre a migração.

A ALCIDES DE SOUZA, brasileiro, que trabalhou muito próximo conosco na organização da pesquisa que coletamos de várias fontes.

A IRLAN ROGERIO ERASMO DA SILVA, nativo do estado da Rondônia, na cidade de Porto Velho, área central dos estados de borracha selvagem na Amazônia. Um descendente dos soldados da borracha e advogado para o sindicato de seringueiros, que nos apresentou aos extratores sobreviventes e nos ajudou com informações fundamentais sobre suas vidas.

A ANDREW MOURA, estudante com dupla cidadania (EUA--Brasil), que trabalhou incansavelmente conosco para formatar o manuscrito e organizar as fotos exclusivas no livro.

A MARK GROVER, um grande amigo e especialista brasileiro na seção latino-americana da biblioteca da Universidade Brigham Young, que serviu de consultor e colega enquanto trabalhamos no livro.

Aos nossos filhos, DAVID e MARK NEELEMAN, que nos ajudam quando vamos para o Brasil, onde mantêm negócios.

SUMÁRIO

PREFÁCIO

DESDE O FINAL DO SÉCULO DEZENOVE, os interesses do Brasil e dos Estados Unidos se misturaram. Como correspondente para a United Press International, de 1958 a 1966, e tendo morado no Brasil anteriormente, de 1954 a 1957, tornei-me cada vez mais fascinado pela relação incomum entre os Estados Unidos e o Brasil.

Um dos meus primeiros contatos com a quase desconhecida história desta semelhança histórica aconteceu quando tropecei na história da migração confederada para o Brasil em 1865. Depois, fizemos a crônica do incrível conto sobre a dor de cabeça e as dificuldades sofridas por esses americanos Confederados em seu novo lar no Brasil, em um livro chamado *Stars and bars beneath the Southern Cross – the confederate migration to Brazil* ("A migração confederada ao Brasil – estrelas e barras sob o Cruzeiro do Sul").

A história dos Confederados nos levou a outra relação Brasil-EUA de encontro a 1867, quando um funcionário do Norte, Cel. George Church, da Guerra dos Confederados, foi recrutado pelo governo boliviano e, posteriormente, pelo brasileiro para construir uma ferrovia de 366 km pelo Rio Madeira Mamoré entre as cidades de Porto Velho e a cidade da fronteira com a Bolívia, Guajará Mirim. Esta ferrovia foi construída no meio da Floresta Amazônica a um custo de 10.000 vidas e 30 milhões de dólares estimados. Ela foi construída por engenheiros americanos, com equipamento americano da Filadélfia, estado da Pensilvânia, e se tornou a principal artéria de transporte de recursos estratégicos, mas principalmente da borracha para o esforço de guerra, durante a primeira parte do século e até a Segunda Guerra Mundial. Publicamos a história dessa incrível ferrovia, "Trilhos na Selva", em 2011, em português, no Brasil, e logo será publicado em inglês pela University of Utah Press (*Tracks in the Amazon*).

Conforme íamos pesquisando os "Tracks in the Amazon", na cidade de Porto Velho, na Bacia do Rio Amazonas, entrevistamos várias pessoas que tinham parentes que estiveram não só envolvidos na ferrovia Madeira Mamoré, mas que também eram descendentes de um grupo de homens que naquela área, em 1942, eram chamados de "Os soldados da borracha".

Uma de nossas principais fontes na história dos soldados da borracha foi Irlan Rogério Erasmo da Silva, representante legal do Sindicato dos Seringueiros. Outra fonte foi Luís Leite de Oliveira, campeão do movimento em Porto Velho para preservar os restos da Ferrovia Madeira Mamoré e o Rio Madeira. Essas duas pessoas são nativas da cidade de Porto Velho, no estado de Rondônia e descendentes diretos dos seringueiros originais (Soldados da Borracha).

Conforme nos encontramos frequentemente com eles e com outras pessoas em Porto Velho, a incrível história desses "Soldados da Borracha" foi se esclarecendo. Depois de dezenas de entrevistas, pesquisas em publicações brasileiras na região do nordeste, no estado do Ceará, e pesquisas mais recentes nos arquivos do Departamento de Estado Norte-Americano em Washington, DC, conseguimos montar a cronologia de uma história incrível, que custou aproximadamente 26.000 vidas durante a Segunda Guerra Mundial, entre 1942 e 1947.

Quando Pearl Harbor foi bombardeado em 7 de dezembro de 1941, 97% de toda a borracha natural do mundo estava nas mãos dos japoneses. E a borracha era o ingrediente essencial para a montagem de uma máquina de guerra eficiente para combater. Do livro de Wade Davis, *One river* ("Um rio"), tudo na Segunda Guerra Mundial dependia da borracha. Os tanques Sherman têm 20[*] toneladas de aço e meia tonelada de borracha. Em um caminhão

---

[*] Qualquer menção de toneladas no livro deve ser entendida como tonelada inglesa (907 kg). (N.T.)

Dodge, há aproximadamente 225 kg de borracha. Há quase uma tonelada de borracha em um bombardeiro pesado. Cada couraçado afundado em Pearl Harbor tinha mais de vinte mil peças de borracha. Cada navio, cada válvula e vedação, cada pneu em cada caminhão e avião tinham borracha. Cada centímetro de fio em cada fábrica, casa e escritório nos Estados Unidos está envolto em borracha. Correias transportadoras, peças hidráulicas, botes infláveis, máscaras de gás, guarda-chuvas – tudo é feito de borracha.

Na verdade, nesta pesquisa tivemos que acreditar que milhares de soldados da borracha que morreram na floresta durante aqueles quatro anos de febre amarela, malária, dengue, beribéri e dezenas de outros problemas da selva podem ter sido o maior sacrifício de qualquer país que não Estados Unidos, Grã-Bretanha e França para a vitória dos Aliados na Segunda Guerra Mundial. Os historiadores brasileiros dizem que foi a guerra mais mortífera já ocorrida no Brasil, mesmo que nenhuma arma de fogo tenha sido usada.

Este grupo inesperado de 55.000 homens foi o único responsável pela extração de milhares de toneladas de borracha, da borracha desesperadamente precisa para os esforços dos Aliados, e pagaram um preço alto sem a justa compensação. Embora o Brasil tenha perdido 457 soldados, dos 25.000 que foram enviados à Itália pela Força Expedicionária Brasileira (FEB) para lutar junto aos aliados, mais milhares morreram nas florestas da Amazônia no esforço para extrair a quantidade de látex necessária.

Capítulo 1

A HISTÓRIA INICIAL DA BORRACHA

NO PREFÁCIO DO NOSSO LIVRO *Tracks in the Amazon*, sobre a história da ferrovia Madeira Mamoré na Bacia do Amazonas, Dr. Wade Davis, funcionário da National Geographic, descreve a fascinante história da borracha e seus impactos no mundo. Dr. Davis disse: "Os índios a chamavam de *caoutchouc*, a árvore que chora, e por gerações cortaram suas cascas, permitindo que o leite branco caísse sobre as folhas, onde poderia ser moldado à mão em recipientes e folhas, impermeável na chuva".

Cristóvão Colombo, em sua primeira viagem, encontrou os *Arawakans* em um jogo com bolas estranhas que pulavam e voavam. Thomas Jefferson e Benjamin Franklin descobriram que pequenos cubos do material eram ideais para apagar anotações a lápis e, como eles acreditavam que a planta era original das Índias Orientais, a substância ficou conhecida como borracha da Índia. Na verdade, ela vinha da Amazônia, e lá o rei de Portugal já havia estabelecido uma próspera indústria que fazia sapatos, capas e bolsas de borracha. Em 1823, um escocês, Charles Macintosh, dissolveu a borracha em nafta e fez um revestimento flexível para tecido, que levou à invenção da primeira capa de chuva do mundo.

Todos esses produtos, porém, tinham uma grande falha. Em tempo frio, a borracha ficava tão delicada que rachava como porcelana. No calor do verão, uma capa de borracha foi reduzida a uma película pegajosa. Então, em 1839, quase que por acidente, um inventor de Boston, Charles Goodyear, pingou uma mistura de borracha e enxofre em um fogão quente. Ela queimou como couro e ficou plástica e elástica. Esse foi o nascimento da vulcanização, o processo em que a borracha se torna impermeável aos elementos, transforma-se a partir de uma curiosidade a um produto fundamental na era industrial. Nos trinta anos seguintes, a produção anual de borracha silvestre no Brasil decolou.

Em 1888, John Dunlop inventou os pneus de borracha infláveis, assim seu filho pôde ganhar uma corrida de triciclo em Belfast. Sete anos depois, na França, os irmãos Michelin surpreenderam as críticas ao introduzir, com êxito, os pneus removíveis em um rali de carros entre Paris e Bordeaux. Até 1898, havia mais de 50 empresas automobilísticas americanas. Oldsmobile, a primeira a ter sucesso comercialmente, vendeu apenas 425 carros em 1901. Menos de uma década depois, o primeiro dos 15 milhões de Model T saiu da linha de montagem de Henry Ford. Todos os veículos precisaram de borracha e a única fonte era a Amazônia.

Na verdade, até 1900, o Brasil produziu 95% de toda a borracha no mundo.

"Até 1909, os comerciantes enviavam 500 toneladas de borracha pelo rio a cada dez dias. Um ano mais tarde, a borracha era responsável por 40% de todas as exportações do Brasil. Em 1911, a produção atingiu 44.296 toneladas. Em uma estimativa conservadora, valia mais de 200 milhões de dólares."

Até 1922, os Estados Unidos usaram 70-80% de toda a produção de borracha do mundo. Embora a maioria de toda essa borracha tenha vindo da Bacia do Amazonas, como na metade do século XIX, a Grã-Bretanha estava tentando freneticamente ultrapassar o limite do Brasil no mercado mundial de borracha.

"O instante de riqueza era magnético." Em Pittsburgh, o magnata do aço Andrew Carnegie lamentou: "Deveria ter escolhido a borracha". Em Londres e Nova Iorque, homens e mulheres lançavam moedas para decidir se iam atrás do ouro em Klondike ou do ouro negro no Brasil. No auge da corrida, 5.000 homens por semana chegavam à Amazônia.

Manaus, situada no coração do comércio no Brasil, cresceu em poucos anos, passando de uma vila pobre à beira do rio a uma cidade próspera, onde a opulência atingiu alturas bizarras. Em uma cidade escondida no mundo, ostentar riqueza se tornou um esporte. Os barões da borracha acendiam charutos com notas de 100 dólares e satisfaziam a sede de seus cavalos com baldes de prata de champanhe francesa gelada. Suas esposas, desdenhosas das águas turvas do Rio Amazonas, enviavam as roupas brancas para lavar em Portugal. Em 1907 os cidadãos de Manaus eram os maiores consumidores per capita de diamantes do mundo.

O grande símbolo do excesso, celebrado até hoje, era o Teatro Amazonas, uma obra espetacular e monumental de belas-artes, projetado por um arquiteto português, construído em 17 anos e finalizado em 1896. Os construtores, rejeitando os materiais locais, importaram ferro de Glasgow, mármore e folhas de ouro de Florença, lustres de cristal de Veneza e 66.000 azulejos de cerâmica da região de Alsácia-Lorraine. Mesmo os murais massivos de cenas da selva local foram pintados na Europa e enviados a Manaus. Os gastos operacionais incluíram subsídios de mais de US$ 100.000 por apresentação, o custo de seduzir artistas estabelecidos a atravessarem um oceano e milhares de milhas até a Amazônia para um grandioso local construído no meio de um pântano de malária.

Toda esta riqueza derivou do látex de três espécies relacionadas de *Hevea* selvagem que cresceram espalhadas por mais de 200 milhões de hectares de floresta tropical. Neste vasto espaço, uma área equivalente ao tamanho continental dos Estados Unidos, havia, talvez, 300 milhões de árvores individuais que valiam a exploração. Encontrá-las era um desafio. Na natureza, as seringueiras cresciam selvagemente dispersas na floresta, uma adaptação que isola a espécie de seu maior predador, a praga das folhas da América do Sul. Esta doença, encontrada somente nos trópicos americanos, invariavelmente se mostra letal quando as árvores estão concentradas em plantações. Foi este acidente da biologia que forjou a estrutura fundamental da indústria de borracha selvagem.

Para lucrar, os comerciantes tinham que estabelecer controle exclusivo sobre enormes territórios. Depois que suas terras estavam seguras, eles precisavam de milhares de trabalhadores para coletar o látex na selva. Os camponeses empobrecidos eram importados do nordeste do Brasil e absorvidos em um sistema cruel de escravidão por dívida. Então, os seringueiros se transformaram em índios, liberando um reino de terror sem precedente na Amazônia. Como um famoso padre escreveu sobre o comércio da borracha no Rio Putumayo, o rio da morte, "O melhor que poderia ser dito de um homem branco era que ele não matou os índios por esporte".

Quando os índios morreram, a produção de borracha decolou. Em vinte anos, um barão da borracha infame operou em Putumayo 4.000 toneladas de borracha, que valiam 7,5 milhões de dólares no mercado de Londres. Durante essa época, a população nativa no rio passou de 50.000 para menos de 8.000. Para cada tonelada de borracha produzida, dez índios morriam, e centenas ficavam marcados por toda a vida.[1]

Capítulo 2

A ESTRUTURA DO ACÚMULO E DA DISTRIBUIÇÃO DA BORRACHA

DESDE O TEMPO EM QUE A BORRACHA se tornou um importante produto de exportação do Brasil, no final do século XIX, aqueles que produziam a borracha foram quase um governo para eles mesmos. A "elite da borracha" brasileira, que controlava as amplas propriedades de seringueiras pela Amazônia, exerceu imenso poder e sempre foi um problema para o governo central do Brasil no Rio de Janeiro. A elite da borracha escreveu suas próprias leis e regulamentações e somente cooperava com os oficiais do governo se pudessem ser pessoalmente beneficiados. Essa elite não dependia do governo brasileiro para defender seus interesses, transportar seus produtos, nem regulamentar seus negócios. A própria Bacia do Amazonas era considerada terra de ninguém, a menos que alguém fosse parte da elite da borracha.

O poder da elite da borracha durante a época do Império, quando o Brasil estava sob domínio português, estava concentrado na região do Grande Pará, na foz do Rio Amazonas, onde ele se encontra com o Oceano Atlântico. A maioria da elite da borracha era portuguesa e de algumas poucas nacionalidades europeias. Quando Dom Pedro II declarou a independência do Brasil, em 1822, a elite da borracha da Amazônia ficou chocada, já que parecia que se relacionavam muito melhor com Portugal e a Europa, em geral, do que com o governo brasileiro no Rio de Janeiro. Sob o domínio português, a elite da borracha tinha, principalmente, seu caminho, com pouca ou nenhuma interferência do Império de Dom Pedro. A elite da borracha se estabelece no início do *boom* da borracha como mestres da Amazônia, e a possibilidade de seu controle absoluto ser ameaçado estava abalando extremamente as poderosas famílias que constituíam o cartel dessa elite. Na verdade, durante o período de pico da produção de borracha, toda a Amazônia era quase uma economia isolada – vendendo sua borracha e comprando mercadorias e produtos de luxo diretamente dos fornecedores europeus, e o resto do Brasil estava completamente fora dessas transações, e era assim que a elite da borracha queria continuar.

Durante esse período a elite da borracha, por meio de sua influência nos governos nas várias províncias na Bacia do Amazonas, fazia negócios diretos com as construtoras, fornecedores de bens fabricados ou industriais, já que trabalhavam para melhorar a infraestrutura da região, incluindo transporte e comunicações.

Os extratores locais de borracha foram obrigados a vender toda a sua produção para a elite, também conhecida como seringalistas, que, em troca, vendiam a borracha para os aviadores, ou intermediários, que iriam vender a borracha para empresas estrangeiras que tinham escritório em Manaus e Belém. Essa borracha era então enviada para a Europa, os Estados Unidos e outras partes do mundo.

FIGURA I – Seringueiro. *Fonte: foto de Dana Merrill, coleção de Gary Neeleman.*

Até que a borracha fosse realmente entregue aos aviadores (comerciantes), muito pouco dinheiro mudava. O negócio completo de borracha da Amazônia estava em um sistema de escambo de débito-crédito e a estrutura era tal que o extrator, ponto mais baixo da cadeia, nunca recebeu a dívida. Embora ninguém controlasse diretamente o seringueiro em suas atividades diárias, ele era controlado pelo fato de que estava em dívida perpétua. Na verdade, a temporada de extração de borracha não dura o ano todo, somente nos meses mais secos do verão, então, teoricamente, os extratores tinham uma janela durante os meses de inverno, quando eles podiam plantar algo, caçar ou pescar para alimentar sua família e fazer um pouco de dinheiro extra. O próprio extrator era responsável pelo seu território de 100 a 200 seringueiras *Hevea* e, para ter acesso a essas árvores, ele tinha que abrir caminhos pela densa floresta com seu facão.

O seringueiro estabeleceu sua própria rotina que, geralmente, consistia de uma volta em suas árvores todas as manhãs, enquanto ainda estava relativamente fresco, onde poderia cuidadosamente cortar a árvore *Hevea* e colocar uma caneca de metal perto da base da árvore para pegar o látex que pingava. O corte na árvore era fundamental, já que um erro poderia matá-la. O extrator voltaria então mais tarde, no mesmo dia, para recolher as gotas de látex antes de voltar para sua barraca e defumar o látex sobre um fogo latente por um cone, criando uma bola de quase 25 kg, que, posteriormente, seria enviada para um local central.

FIGURA 2 – "Uma seringueira" Chabloz.

Fonte: arquivos do Museu de Artes da Universidade Federal do Ceará.

FIGURA 3 – Queimando o látex.

Fonte: foto de Dana Merrill, coleção de Gary Neeleman.

FIGURA 4 – Transportando de trem as bolas de borracha até um porto no rio.

Fonte: foto de Dana Merrill, coleção de Gary Neeleman.

O extrator geralmente levava uma arma de fogo para afastar os animais selvagens e as ameaças dos índios. Era uma existência única e isolada.

Conforme a demanda de borracha aumentava, havia uma crônica redução dos trabalhadores para extrair e processar o látex. Como consequência, a elite da borracha começou a recrutar extratores do nordeste brasileiro. Este processo de recrutamento se estendeu pelos anos iniciais do *boom* da borracha até aproximadamente 1913, quando o negócio da borracha na Amazônia entrou em colapso. Dezenas de milhares de trabalhadores do estado do Ceará voltaram para suas casas quando os negócios de látex na Amazônia morreram completamente com o surgimento da expansão das plantações no sudeste asiático.

A rígida busca pelo precioso látex da árvore selvagem *Hevea brasiliensis* na Floresta Amazônica poderia não ter sido necessária, caso Henry Ford, o industrialista empresário, seguisse seu caminho. De 1927 a 1945, Henry Ford perseguiu um sonho de criar plantações de borracha feitas pelo homem na Amazônia, onde as seringueiras cultivadas poderiam ser administradas e controladas para produzir o procurado látex. A ideia de que as seringueiras podiam ser plantadas em bosques para serem cultivadas sistematicamente como se fossem abacaxis ou abacates, como era feito nos países do sudeste asiático, poderia resolver o problema de redução da borracha enfrentado pelos Estados Unidos e pela Grã-Bretanha durante a Segunda Guerra Mundial. A Fordlandia foi um experimento amplo e incrível, que acabou falhando depois de muitos anos de esforço e investimento. A Fordlandia primeiro estava localizada a uns 965 km acima do Rio Amazonas, perto de Santarém, onde uma colônia de soldados Confederados americanos ex-patriotas e suas famílias se estabeleceram depois da Guerra Civil. Ford negociou a concessão de, aproximadamente, 2,5 milhões de acres nas margens do Rio Tapajós, escolhido porque era onde o botânico inglês Henry Wickham havia coletado as sementes de *Hevea* em 1876, que resultou nas plantações de borracha na Ásia. Por anos, a equipe de Ford construiu uma réplica de uma cidade-modelo americana no coração da floresta, com casas que incluíam barracas para milhares de homens, três escolas, hospitais, dependências esportivas, igrejas e parques. Havia um moderno sistema de água e esgoto, 200 casas para famílias, um ramal ferroviário, estradas pavimentadas e um poço de água profunda. Uma escola de pensamento para a falha do projeto da Fordlandia está no fato de que a própria natureza desta comunidade em "estilo americano" foi absolutamente oposta à cultura da região. Por exemplo, os trabalhadores locais rejeitavam a comida em estilo cafeteria, as restrições morais para os comportamentos dos trabalhadores depois da hora de trabalho e a tentativa da gestão de Ford, importada de Detroit, Michigan, em disciplinar as horas e as atividades dos trabalhadores.

O projeto da Ford também gerou animosidades entre a elite da borracha, já que eles achavam que o projeto seria uma concorrência para a estrutura tradicional de negócios na Amazônia. Na verdade, a principal razão para a falha do projeto foi o fungo ou a praga nas folhas na América do Sul, que afetou as árvores *Hevea* da plantação da Ford, as sementes que vieram do sudeste asiático eram particularmente sensíveis a essa praga. Os executivos da Ford notaram que "como os galhos de cima das árvores jovens começaram a se fechar, criando uma copa sobre os campos... ficou perigoso nas plantações. Com um ano, destruiu a maior parte da Fordlandia".[2]

"Destemido, Ford instruiu seus gerentes a encontrar um local diferente e tentar de novo. Em 1934, o governo brasileiro concordou em negociar 700.000 acres da Fordlandia por uma nova concessão localizada próxima à foz do Tapajós, a apenas 50 km ao sul da cidade de Santarém. Novamente, milhares de acres foram liberados, uns 5 milhões de sementes foram plantadas, e foi criada a infraestrutura de uma pequena cidade. Desta vez, a escala era ainda maior. Além de hospital, igrejas, escolas, cinemas, serrarias, oficinas mecânicas, alojamentos, estradas, usinas e obras com água, havia 800 casas, três áreas de recreação, um campo de golfe e cinco campos e futebol."[3]

Até 1941, havia 7.000 pessoas morando em Belterra e 3,6 milhões de árvores tinham sido plantadas. Inicialmente, parecia que eles tinham descoberto o segredo da conquista da praga, mas, novamente, ela atacou, e o projeto de Belterra também naufragou. Muitos dos erros culturais que atacaram o projeto da Fordlandia foram corrigidos no experimento de Belterra, e a moral do trabalhador melhorou, mas, apesar disso, os contínuos ataques da praga e a borracha barata da Ásia, em 30 anos, acabaram com os esforços da Ford. Se Ford tivesse tido sucesso, os Estados Unidos e a Grã-Bretanha teriam tido borracha suficiente para satisfazer suas necessidades de guerra e nunca teria havido um segundo ciclo de soldados da borracha.

Quando um golpe militar colocou Getúlio Vargas como líder autoritário em 1930, Vargas sentiu sua responsabilidade, e o destino foi unir a ampla nação do Brasil e trazer a região da Amazônia, com todos os seus recursos, para o controle governamental central. Ele sabia antes que era uma tarefa desencorajadora, mas a guerra mundial que explodiu em 1941 deu a ele uma oportunidade de fazer coisas que nunca tinha feito antes.

A região da Amazônia legalmente pertencia ao Brasil, mas não era diferente do oeste selvagem dos Estados Unidos nos anos de 1800. Foi caracterizado pela ilegalidade, com pouco controle do governo central do Brasil ou até mesmo regional. Houve confrontos entre os colonizadores na região e as tribos indígenas, que ressentiam a invasão dos caçadores de fortuna europeus. A economia era baseada em uma situação de altos e baixos, dependendo dos produtos amazônicos que pudessem estar em demanda fora do Brasil.

Em outubro de 1940, Vargas se tornou o primeiro presidente brasileiro a visitar a Amazônia. Em um discurso em Manaus, Vargas definiu a política do Estado Novo para a região. Vargas declarou que, nos últimos séculos, a tarefa do Brasil tinha sido "conquistar a terra, dominar as águas e revelar as florestas". Depois de conquistar o "rio-mar", o próximo objetivo era aumentar sua população em um ambiente que tinha sido considerado inóspito para civilização. Vargas disse que as novas tecnologias possibilitaram estabelecer uma civilização única, que poderia prosperar às margens dos rios na Bacia do Amazonas.[4]

Vargas continuou como líder autoritário até 1945 e, depois, foi eleito presidente do Brasil entre 1951 e 1954, o que deu a ele a oportunidade de continuar com seus planos anteriores para unir o Brasil em um único governo central. Entre outras coisas, ele declarou a língua portuguesa como oficial no Brasil.

Autoritário e nacionalista, Vargas queria transformar o Brasil em um estado-nação moderno, ao centralizar o governo, promover a industrialização e integrar as regiões de fronteira à nação brasileira. Em contraste com as políticas econômicas "laissez-faire" dos governos da República Velha, Vargas implementou políticas de industrialização conduzidas pelo estado, encorajou as indústrias de substituição à importação e impôs o governo como árbitro das relações de gestão trabalhista. Nacionalista econômico, Vargas queria diversificar e fortalecer a economia brasileira pela industrialização e inserir o estado na gestão e distribuição dos recursos naturais da nação.[5]

Estudos escritos sobre a Batalha pela Borracha de Pedro Martinello, Lúcia Arrais Morales e Maria Verónica Secreto focalizam basicamente o impacto das medidas do governo federal para colonizar e desenvolver a Amazônia na pobreza rural – incluindo os seringueiros, grupos indígenas e outros trabalhadores da Amazônia. Em vez de culpar as elites da borracha na Amazônia por um segundo ciclo de abuso e exploração dos extratores migrantes e dos trabalhadores rurais nativos (caboclos) durante a Segunda Guerra Mundial, esses acadêmicos criticam o governo Vargas por adotar um discurso pró-trabalhador durante a fase de recrutamento e, depois, abandonar os soldados da borracha a sua própria sorte, depois que chegaram às propriedades. Dadas as condições deploráveis da pobreza rural no Brasil, o discurso de Vargas provocou cargas justificadas de hipocrisia e agendas políticas ocultas.

Vargas, como muitos líderes autoritários, era mestre nas comunicações, e sua ferramenta mais usada era o rádio. O fato de que muitos dos pobres rurais e sem educação não soubessem ler dava a Vargas uma oportunidade de incorporá-los pelo rádio em seu amplo exército de apoiadores. Vargas instalou um escritório especial do Departamento de Imprensa e Propaganda (DIP) para garantir que as pessoas do Brasil só recebessem relatórios positivos sobre ele e seu regime. Na verdade, em seu esforço de controlar a imprensa, ele ofereceu considerações especiais para imprensa trabalhadora, como isenção de imposto de renda e livre acesso a não só os eventos patrocinados pelo Estado, mas também a locais de entretenimento, bastando mostrar uma credencial. Enquanto morava no Brasil como correspondente internacional, mesmo aqueles que representavam a mídia americana e europeia receberam as mesmas considerações depois que Vargas já tinha partido. Levou anos para reverter muitas das coisas que Vargas fez para influenciar não só a mídia, mas também as leis trabalhistas.

Embora o programa do Presidente Vargas para recrutar os "soldados da borracha" para extrair borracha na Amazônia tenha sido ostensivamente uma campanha para apoiar a aliança de guerra, Lúcia Arrais Morales sugere que seu objetivo real era avançar a meta de longo prazo do governo de mover as populações marginais da pobreza rural do Nordeste para ocupar a fronteira da Amazônia. O estudo antropológico de Morales sobre os "soldados da borracha" coloca a migração da Segunda Guerra Mundial no contexto dos padrões de migração histórica e recorrente entre o Nordeste e a Amazônia.[6]

Enquanto que, antes do advento da Segunda Guerra Mundial, a Elite da Borracha na Amazônia controlava quase todo o negócio na região, a influência de Vargas causou mudanças significativas na cultura. Pela primeira vez, o governo se tornou um fator na coleta e distribuição da borracha. Os acordos entre o governo de Vargas e o dos Estados Unidos, por exemplo, estabeleceram controles de preço na borracha bruta e a elite da borracha nem sempre estava de acordo com essas alterações.

"Depois do colapso do *boom* da borracha em 1912, muitas linhas de navios internacionais saíam da Amazônia. Durante a década de 1920 e 1930, subsídios do governo federal brasileiro e também dos estados do Amazonas e do Pará permitiram que empresas privadas de navio a vapor continuassem a transportar passageiros, suprimentos e matéria-prima na Amazônia. Em 1940, o governo federal interveio para o final dos subsídios e criou uma empresa de navegação federal, o Serviço de Navegação e Administração dos Portos do Pará (SNAPP)."[7] SNAPP tinha 52 embarcações, incluindo navios para o oceano, embarcações fluviais, rebocadores e barcos a motor no inventário de 1940.[8]

Boa parte da frota era antiquada, com embarcações que ainda queimavam madeira para combustível. A Corporação de Desenvolvimento da Borracha dos EUA (RDC) colaborou com a SNAPP para transportar os soldados da borracha e suprimentos para as propriedades. A RDC ajudou a modernizar a SNAPP ao fornecer navios e embarcações fluviais de ponta; oferecendo mecânicos, soldadores e eletricistas especialistas para treinar os técnicos brasileiros e entregar carvão e outro combustível em Belém a preços fixos e subsidiados.[9]

"De acordo com a RDC, concluída em julho de 1942, a SNAPP se comprometeu a: manter a frota de embarcações fornecidas pela RDC; dar prioridade a toda carga da RDC ou a que fosse necessária para o programa da borracha; construir ou fretar embarcações fluviais que poderiam navegar no alto Amazonas, onde navios de grande calado não chegavam, devido às quedas d'água e corredeiras e também pelas alterações sazonais nas profundidades do rio; e abster-se de obter lucro da operação dos barcos fornecidos pela RDC, e devolver as embarcações fornecidas pela RDC mediante a finalização do contrato."[10]

Os governos de Vargas e dos Estados Unidos tentaram mudar a antiga cultura comercial da região, mas parecia quase impossível resistir ao sistema. A elite da borracha ressentiu a interferência do governo na administração das propriedades da borracha, na gestão e distribuição dos suprimentos e alimentos para os trabalhadores com controles de preço e omissão do governo. Pela primeira vez, as agências do governo estabeleceram quotas de borracha e, para oferecer preços mais baixos para produtos e alimentos para os extratores, as agências governamentais facilitaram a entrega de produtos dos Estados Unidos e do sul do Brasil. Obviamente essa estrutura significava que os negócios tradicionais envolvidos na coleta e distribuição da borracha teriam perda de lucro ou seriam forçados a sair completamente dos negócios. Finalmente, com a pressão de montagem e a falta de cooperação da elite de borracha, o governo Vargas e o norte-americano determinaram que o novo sistema não podia funcionar.

Capítulo 3

A LUTA PELA BORRACHA

OS BRASILEIROS SEMPRE DISSERAM e acreditaram que Deus é brasileiro e que os anjos falam português. Eles vão além quando dizem "O que o homem destrói no Brasil de dia, Deus constrói de volta à noite". Se alguém gastar alguns minutos para considerar a ampla riqueza natural do Brasil, é possível quase concordar com a teoria dos brasileiros.

"Já era bem conhecido que a borracha poderia derivar de centenas de espécies diferentes de plantas. Por 60 anos, os britânicos dependeram da *Ficus elastica*, nativa da Ásia, que surgiu pela planície fluvial do Rio Brahmaputra. A exploração cruel das plantações selvagens e o fato de não conseguirem estabelecer com sucesso a árvore nas plantações os forçaram a buscar alternativas. No Congo, os belgas estavam cultivando o látex espesso da *Landolphia*, um cipó da floresta. Os nativos do México e das Índias Ocidentais extraíam boa borracha da *Castilla elastica*, uma árvore selvagem da família da figueira... De longe, a melhor borracha no mercado, e a mais cara era chamada Pará Hard Fine... Derivada de uma espécie de *Hevea*..."[11]

Sem nenhuma dúvida, a árvore *Hevea brasiliensis* encontrada somente no fundo da Floresta Amazônica deve ter sido um dos melhores presentes de Deus para a humanidade, como fonte do melhor látex do mundo. Essas incríveis árvores e seus produtos foram cobiçados por todas as nações industrializadas na face da Terra. A busca cruel e frenética pelas sementes dessas incríveis árvores começou em 1880, quando as qualidades únicas da borracha natural foram descobertas.

Quando a revolução industrial começou a varrer o mundo, as grandes potências não só ficaram ressentidas com o bloqueio do brasil sobre toda a borracha do mundo, mas também começaram um esforço determinado para tentar quebrar o cartel brasileiro. Inúmeros homens fizeram um esforço de contrabandear as preciosas sementes da borracha para fora do Brasil, mas não tiveram sucesso. As sementes fermentavam ou brotavam prematuramente no mar. Mas havia um homem com uma filosofia diferente dos brasileiros sobre a propriedade do precioso látex, encontrado somente na Amazônia. Seu nome era Henry Wickham, nascido em uma sexta-feira, no dia 29 de maio de 1846, em Londres, Inglaterra.

Wickham era um botânico amador, um aventureiro, um vagabundo das selvas. Apesar desta imagem entre seus compatriotas, Wickham era intensamente fiel ao Império Britânico e tomou uma decisão em buscar as preciosas sementes e encontrar uma maneira de levá-las para a Inglaterra.

FIGURA 5 – Henry Wickham.

A filosofia de Wickham era a de que, na verdade, os recursos mundiais pertenciam à humanidade, não a nações individuais. Ele achava que o Império Britânico tinha uma responsabilidade dada por Deus para ter a custódia dos recursos mundiais e que ele deveria ser um instrumento para entregar o incrível látex à Inglaterra, onde seria responsável por seu desenvolvimento e pela distribuição em todo o mundo. Na época de Wickham, a biopirataria não era comum, e ele se inspirou em seu conterrâneo, Clements R. Markham, que havia roubado as sementes da árvore *Chinchona*, também na Amazônia, que era a fonte do quinina, o único remédio para as febres da selva naquela época.

Em 23 de maio de 1860, Markham colocou sementes da árvore *Chinchona* em um navio a vapor para a Inglaterra. Muitas das plantas morreram, mas algumas dessas incríveis sementes sobreviveram e foram plantadas no norte da Índia, em 1861, e Markham se tornou um dos heróis da Inglaterra. Até 1870, o precioso quinina produzido nas colônias britânicas estava salvando vidas em todo o mundo tropical.

Markham não era o único biopirata da sua época, mas havia muitos outros exemplos de biopirataria que ocorreram. Um bom exemplo foi o abacaxi havaiano, que veio da América Central; o tabaco também foi um exemplo, que foi transferido de um país a outro com sucesso. Provavelmente, uma das biotransferências mais famosas foi a do café brasileiro, que originalmente veio da Arábia em 1847. Então, o Brasil não foi só vítima da biopirataria, mas também um país que lucrou com ela, já que, mais tarde, o café substituiu a borracha como produto de exportação mais importante.

Quando Henry Wickham decidiu que era sua responsabilidade divina entregar o látex ao Império Britânico, ele foi para sua missão bem focado. "Em julho de 1874, Hooker e Markham concordaram em pagar dez libras a Wickham para cada milhar de sementes de borracha que ele conseguisse enviar da Amazônia."[12] Como muitos antes dele, Wickham teve inúmeras falhas ao tentar valentemente coletar as sementes de borracha da árvore *Hevea brasiliensis*, encontrada somente na Amazônia brasileira. Ele não só coletou muitas sementes, mas também pagou os coletores em toda a floresta para coletar as sementes para ele e, embora fosse somente um botânico amador, seu entendimento sobre as sementes da *Hevea brasiliensis* aumentou com o tempo, e ele começou a experimentar meios e maneiras de preservar essas sementes incomuns para eventual transporte marítimo para a Inglaterra. Por fim, em 1876, Wickham teve, em suas mãos, uma estimativa de 70.000 sementes de *Hevea brasiliensis*, mas ainda estava tentando encontrar uma maneira de transportá-las para Londres.

Por todos os experimentos e tribulações de Wickham, sua fiel e sofredora esposa, Violate Carter, o acompanhou. Na verdade, ele também trouxe para Santarém, a 800 km de Belém, no baixo Amazonas, sua irmã Harriett, sua mãe e a sogra do seu irmão John.

Naquele ano, por causa de um golpe de sorte, uma das recém-construídas embarcações a vapor, o Amazonas, partiu pelo Amazonas em uma missão de carga. A tripulação abandonou o navio quando aportou em Santarém e roubou a maior parte da carga, deixando o jovem capitão perturbado. Quando Wickham descobriu isso, viu sua oportunidade e convenceu o capitão a aceitar sua carga de 70.000 sementes. Wickham pensou que, pelo fato de o barco ser consideravelmente mais rápido que as embarcações mais antigas, ele poderia levar as sementes para a Inglaterra sem fermentação e sem que brotassem prematuramente. Seus meses de trabalho com as sementes permitiram embalá-las no porão do Amazonas para não só mantê-las secas, mas também para protegê-las contra a exposição imprópria. Mas, quando saiu da Amazonas, para a Inglaterra, ele deixou para trás outros membros da família que vieram a morrer das doenças da selva em Santarém.

Enquanto tudo isso acontecia, o diretor Joseph Dalton Hooker, do Royal Botanical Gardens, em Kew, Londres, começou a duvidar da capacidade de Wickham de ter sucesso com o projeto e já tinham atribuído o trabalho para outro dos botânicos mais especializados. Só no final da sua vida que o governo finalmente percebeu que Wickham foi um gênio ao coletar, processar e embalar essas sementes incomuns e, assim, ter sucesso no transporte de volta para a Inglaterra.

Embora as autoridades brasileiras estivessem começando a perceber o problema da biopirataria de algumas de suas plantas preciosas e exóticas, eram bem menos vigilantes nesse momento do que deveriam ser. O exitoso roubo de sementes da árvore Chinchona de Markham aumentou o alerta das autoridades brasileiras com relação ao risco da biopirataria, mas havia poucas regulamentações e leis em vigor quando Wickham levou as sementes de borracha. Antecipando os possíveis problemas aduaneiros no porto de Belém, já que o Amazonas entrava no Oceano Atlântico, Wickham fechou com pregos as entradas do porão do navio e torceu pelo melhor. Sua sorte funcionou quando o Consulado Honorário Britânico, que facilitou a rápida liberação do navio com autorização para navegar, acompanhou o inspetor da Alfândega.

Wickham chegou a Liverpool, Inglaterra, com sua esposa, Violate, para as boas-vindas reais e um trem real até Kew Gardens, onde as preciosas sementes seriam rapidamente plantadas e cuidadas. Estima-se que somente umas 20.000 das 70.000 sementes transportadas sobreviveram e germinaram, mas isso foi o suficiente para mudar o curso da história. Os britânicos enviaram plantas que estavam amadurecendo para suas vastas colônias em todo o sudeste asiático e a Índia e, assim, nascia uma nova ordem econômica.

Os brasileiros levaram algum tempo para perceber a incrível riqueza da Bacia do Amazonas. E finalmente baniram a exportação de sementes de borracha e de outras espécies exóticas. Até então, muitas das plantas que tinham sido pirateadas desta área única do Brasil já tinham florescido em todo o mundo. Em 1900, o Brasil produzia 95% da borracha do mundo, mas, em 1913, quando as seringueiras do sudeste asiático começaram a amadurecer, tudo isso mudou e, até 1922, o Brasil estava produzindo somente 6% da borracha do mundo. A borracha asiática, das sementes de Wickham, era muito mais fácil e mais barata de plantar, custava somente uma fração do valor para colher o látex das seringueiras no Brasil. "... toda a borracha do extremo Oriente finalmente seria construída na criação dessas sementes originais de Wickham..."[13] A economia brasileira estava quebrada, já que os poderes da indústria mudaram sua compra de borracha fundamentalmente para o sudeste asiático. O Brasil chamou Henry Wickham de "executor do Amazonas" e "príncipe dos ladrões", enquanto que a Inglaterra o chamava de "pai da indústria da borracha".

"Foi em Sumatra e nas colônias holandesas além do mar de Java que os experimentos aconteceram e que garantiram a morte final da indústria brasileira da borracha. Trabalhando novamente com material derivado do estoque original de Wickham, um botânico holandês chamado Peter Cramer revelou, pela primeira vez, a incrível variação que caracteriza a espécie principal, *Hevea brasiliensis*. Nas plantações feitas a partir da semente, não havia como prever a produção de látex nas árvores individuais. Cramer determinou que o fundamental era selecionar clones de alto rendimento e propagá-los de modo vegetativo. Em vez de dispensar as sementes, o holandês patenteou um método de comercialização de brotos de várias das melhores árvores. Os resultados foram incríveis. Um acre de *Hevea* plantado a partir das sementes produzia 160 kg de borracha por ano. Os rendimentos dos primeiros clones selecionados dobraram esse número e, em cada geração, a produção dobrou novamente. Em menos de um século, algumas plantações passaram por um aumento de sete vezes, com os melhores locais finalmente produzindo 1.360 kg de borracha por acre."[14]

Como a indústria da borracha em todo o Império Britânico continuou a produzir bilhões de dólares a partir das sementes de Henry, ele declarou que nunca compartilhou desta boa fortuna. No interessante livro de Joe Jackson *Thief at the end of the world* ("Ladrão no fim do mundo"), Jackson descreve os anos finais de Wickham: "Depois disso, ele estava pobre, terrivelmente pobre, passando a maior parte do seu tempo no Royal Colonial Club, rodeado pelo sentimento imperialista, cada um girando em seus contos separados. De alguma maneira, o pagamento anual de 135 kg dos Conflitos acabou... Em 3 de junho de 1920 [ele estava

FIGURA 6 – Wickham
perto de uma seringueira.

com 68 anos de idade], ele foi condecorado como Kight's Bachelor no aniversário de 55 anos do rei 'pelos serviços na indústria de plantação de borracha no Oriente Médio', de acordo com uma breve nota dobrada no [London] *Times*".

Conforme Wickham envelhecia, e tinha nobreza, ele ficou ainda mais agressivo ao contar suas histórias selvagens. Isso agravou ainda mais aqueles ao seu redor e poucos levavam a sério suas reclamações.

"... Quatro meses depois do seu 82º aniversário, na segunda-feira, 24 de setembro de 1928, ele ficou doente. Sua condição deteriorou e ele faleceu tranquilamente três dias depois, na quinta-feira, 27 de setembro, 'de demência senil'. Ele sempre acreditou que era descendente de William de Wykeham, o bispo medieval de Winchester, e pediu para ser enterrado na vila de Wickham em Hampshire. Embora sua crença provavelmente estivesse errada, seu desejo foi atendido."

"Violet ficou doente um mês depois dele. Sabemos que eles se amavam. Há segredos que nunca saberemos, mas ela ficou ao seu lado no pior momento e ele a amava de modo tão imprudente que nadou em um canal cheio de tubarões no meio da noite apenas para estar com ela. Geralmente, ele era um tolo, mas era o tolo *dela*, e por todas as suas falhas, ele permaneceu charmoso, de maneira ousada e escandalosa... Ela estava em Londres quando soube da sua doença. Há alguma sugestão de que Henry sabia que ela estava na cidade. Mas os dois estavam muito fracos para fazer a viagem e se juntarem. Eles se separaram por causa das insaciáveis tentativas de Henry por um segundo sucesso e a solidão infinita de Violet no pior lugar do mundo. Eles se amavam profundamente, mas a borracha, a loucura e a ambição finalmente ficaram entre eles. Os dois morreram sozinhos."

"No dia de sua morte, o obituário de Henry saiu no [London] Times: Sir Henry Alexander Wickham... foi aquele que, enfrentando extraordinárias dificuldades, teve sucesso no contrabando de sementes da árvore *Hevea* do Alto Amazonas e estabeleceu a ampla indústria de plantação de borracha. Olhando cada centímetro de um pioneiro, de ombros largos e robusto, com um bigode extraordinariamente longo e ondulado, sua força física era tão boa quanto sua resolução. Para essas qualidades, ele tinha sua própria escapada de várias aventuras, que ele encontrou em suas andanças. Em conversa, ele era o mais divertido e suas histórias não eram apenas interessantes, eram também instrutivas."[15]

Capítulo 4

VENTOS DE GUERRA

O SUCESSO DA GRÃ-BRETANHA NA PIRATARIA das sementes de borracha e de Chinchona do Brasil, em 1876, é apenas um exemplo do que as outas nações europeias tinham em mente com relação à América Latina. A maioria das principais potências da Europa já tinha tido o gosto de uma riqueza aparentemente sem fim da região latino-americana e cada uma delas sentia a necessidade de ter alguma reivindicação das riquezas da área. Portugueses e holandeses colonizaram vastas regiões do Brasil, e os espanhóis e os franceses também achavam que tinham direito a um pouco dessa riqueza. Durante o último século, os alemães tinham fascínio pelos países da América do Sul e estabeleceram grandes colônias de imigrantes nas áreas do sul do Brasil, Argentina e Bolívia.

Ficou óbvio para os Estados Unidos que havia um risco de que algumas dessas potências europeias poderiam se mudar para a região, considerado o quintal dos EUA e, no final das contas, dominar os países da América Latina que estavam apenas começando a afirmar seu domínio individual.

Em 1823, quando os Estados Unidos tinham apenas 47 anos, o Presidente James Monroe lançou o que ele chamou de "Doutri-

41

na Monroe". Essa Doutrina foi designada para isolar a América Latina e o Caribe de qualquer tipo de intervenção de potências estrangeiras fora da região. Os primeiros revolucionários latino--americanos, como Simón Bolívar e Francisco de Paula Santander, abraçaram a doutrina como sendo a evidência de que os países foram reconhecidos e validados pelos Estados Unidos da América.

Em 1861, Espanha, França e Inglaterra foram para o México, mas, com a pressão dos Estados Unidos, Espanha e Inglaterra, finalmente desistiram. A França ficou até que o Presidente norte-americano Andrew Johnson, depois da Guerra Civil, em 1865, enviou 50.000 tropas para proteger o México contra a dominação francesa.

Em 1902, Theodore Roosevelt mudou a Doutrina para outra direção, quando determinou que os Estados Unidos podiam intervir em países que estavam sendo mal administrados e as políticas de Teddy prevaleceram até que Franklin Delano Roosevelt lançou o que foi chamado de "Política da Boa Vizinhança". A Doutrina Monroe, desde o início, era bem controversa e muitas das reclamações pelas falhas dos governos latino-americanos nos últimos 150 anos foram culpa dos Estados Unidos, por uma ou outra razão. Os ditadores, golpes militares e ascensão e queda das economias latino-americanas colocavam a culpa nos Estados Unidos.

Embora tenha havido muitos casos na segunda metade do século ou mais de intervenção dos EUA em um ou outro país, a possibilidade deste tipo de intervenção foi diminuindo. Ainda aqueles que conheciam bem a região pareciam concordar que os seguidores da Doutrina Monroe, onde os Estados Unidos devem continuar a ter um importante papel no desenvolvimento e a preservação das jovens democracias da América Latina ainda é fundamental e será para o futuro previsto.

Pouco depois da Segunda Guerra Mundial, quando o nacionalismo alemão estava em ascensão, novamente a América Latina apareceu no radar da Alemanha. Com a maior parte da borracha do mundo sendo produzida nas colônias britânicas no sudeste asiático, a partir das sementes da Floresta Amazônica, milhões de toneladas de outros materiais estratégicos eram transportados do Brasil e de outros países latino-americanos pela Marinha Mercante da Grã-Bretanha. O novo governo nacionalista da Alemanha sabia disso e começou a estabelecer seus planos para controlar o Atlântico Sul.

Desde o início, a frota mercante para a Inglaterra era o impulso do Império Britânico tanto para a paz quanto para a guerra. Embora a guerra ainda não estivesse no horizonte imediato, os alemães começaram a construir silenciosamente o que foi chamado de "encouraçado de bolso" ou comerciantes. O Tratado de Versalhes restringiu esses navios a apenas 10.000 toneladas, mas a ingenuidade dos alemães conseguiu compensar em tamanho com outras vantagens técnicas. Em primeiro lugar, eles tinham armas muito maiores que poderia disparar a quase 30 metros. Os navios eram construídos com blindagem e motores a diesel potentes que os tornavam manobráveis e muito mais letais que a maioria da frota aliada. A construção de três desses encouraçados começou em 1928 e eram chamados de Panzerschiff.

O primeiro Panzerschiff foi inaugurado em 7 de maio de 1931. O segundo foi inaugurado dois anos mais tarde e o Admiral Graf Spee, possivelmente o mais letal dos três navios, foi inaugurado em 6 de janeiro de 1936. Além dos canhões pesados, o Admiral Graf Spee também poderia disparar cinco torpedos e estava equipado com muitas armas pequenas.

A missão definida dos "invasores Pazcerschiff" era destruir e aniquilar completamente os navios mercantes dos Aliados. Não só interditaram esses navios que transportavam materiais estratégicos para Grã-Bretanha, Estados Unidos e França, mas também, ao fazer tudo isso, eles podiam reivindicar os vastos recursos da América do Sul.

Poucos meses depois do início da Segunda Guerra Mundial na Europa, em 1939, quando a Alemanha invadiu a Polônia, o Admiral Graf Spee já estava muito bem engajado na "Batalha do Atlântico". Essa batalha foi descrita como "uma guerra de tonelagem". No início da guerra, o Graf Spee afundou nove navios britânicos, totalizando mais de 50.000 toneladas de carga britânica. Dizia-se que o Admiral Graf Spee era uma "mancha na Marinha Real".

Em 1 de maio de 1940, os alemães invadiram a França e os Estados Unidos, ainda não engajados na guerra, começaram a ser ameaçados pelos japoneses no Pacífico. O Presidente Franklin D. Roosevelt foi informado de que os Estados Unidos tinham menos de três meses de abastecimento de borracha. Neste momento, o Presidente estabeleceu a Rubber Reserve Company (Empresa de Reserva da Borracha) para explorar meios e maneiras de aumentar os recursos norte-americanos. De acordo com Wade Davis, em seu livro *One river*, o Congresso autorizou o envio de 140 milhões de dólares para aumentar o abastecimento e, com a ajuda de grandes empresas de borracha, como Goodyear, Firestone, Goodrich e U.S. Rubber, em meses, conseguiram comprar 333.000 toneladas de borracha no mercado internacional, e isso deu um pouco mais de tempo para os Estados Unidos.

FIGURA 7 – Graf Spee no mar.[16]

Os navios de guerra da Alemanha, o Admiral Graf Spee e outros foram auxiliados na batalha do Atlântico pelos submarinos alemães que faziam patrulha no Atlântico Sul desde a foz do Amazonas até a Argentina e, durante o conflito, desde 1939 até o final da guerra em 1945, os Aliados perderam 3.500 navios mercantes e 175 navios de guerra. Durante o conflito, a Alemanha perdeu 783 submarinos.

Os Estados Unidos não entraram na guerra até serem atacados em Pearl Harbor, em dezembro de 1941, então as forças da Marinha Britânica estavam sozinhas no Atlântico Sul, no início da guerra, e eles sabiam que estavam lutando para sobreviver.

O capitão do Admiral Graf Spee foi Hans Langsdorff, um comandante do submarino condecorado. A dramática histórica de como três cruzadores britânicos, o Exeter, o Ajax e o Achilles, se juntaram ao Admiral Graf Spee na primeira batalha naval da Segunda Guerra Mundial e, no final das contas, a única batalha naval a acontecer durante a guerra na América do Sul.

Embora o Admiral Graf Spee fosse um navio incrível, ele tinha suas desvantagens. Na verdade, ele era muito pesado e, apesar de sua excelente capacidade de fogo, essa era sua queda. Conforme os navios de guerra britânicos se aproximavam do Graf Spee, o Achilles sofreu sérios danos e afundou. O Ajax e o Exeter continuaram à sombra do Graf Spee, que também foi danificado, quando navegava para o sul na direção da Argentina. Sabendo que era superior, o Capitão Langsdorff conduziu seu navio danificado até o porto de Montevidéu, onde esperava encontrar refúgio e oportunidade de consertar o navio. O Uruguai era um país neutro e não foi solidário ao capitão alemão, dando a ele 72 horas para deixar o porto. O capitão alemão, com a bandeira da suástica, passou horas trocando mensagens com os oficiais uruguaios e seus superiores em Berlim. Langsdorff decidiu que tinha uma das duas escolhas, fugir rapidamente e encarar os cruzadores britânicos na foz do porto ou fugir do navio. Os britânicos deram a Langsdorff a impressão de reforços por parte da Marinha Real a partir do mar aberto e que, se fugisse, em uma tentativa de voltar à Alemanha, seu navio poderia ser afundado ou capturado pela Marinha Real, o que seria inaceitável em Berlim. Consequentemente, às 18h30 do dia 17 de dezembro de 1939, o capitão Langsdorff enviou a maior parte da sua tripulação em botes pelo Rio da Prata até a Argentina e, então, com seus oficiais imediatos, abandonou o navio enquanto se tornava uma bola de fogo. Mais tarde, Langsdorff cometeu suicídio em Buenos Aires por ter falhado em sua missão.

Hoje, os remanescentes do Admiral Graf Spee ainda podem ser vistos nas águas rasas da foz do Rio da Prata a uma curta distância das belas praias de Punta del Este, no Uruguai.

FIGURA 8 – Graf Spee afundado.[17]

Neste ponto da guerra, "Depois do balanço entre Alemanha e os Estados Unidos para extrair o máximo de benefícios econômicos de cada país, o governante autoritário do Brasil, o Presidente Getúlio Vargas, se convenceu, em 1941, de que os Aliados ganhariam a guerra".[18]

De acordo com Frank McCann, em sua publicação, *A aliança Brasil-Estados Unidos: 1937-1945*, "Os interesses do Brasil na negociação de uma aliança com os Estados Unidos foram divididos em três: para obter o financiamento americano para a indústria inicial do aço do Brasil e outros projetos de desenvolvimento industrial; para sustentar a defesa da costa brasileira contra os ataques dos submarinos alemães e proteger os flancos do sul contra os potenciais ataques da Argentina; e para ganhar um papel de liderança nas organizações internacionais pós-guerra, um lugar permanente cobiçado no Conselho de Segurança das Nações Unidas."[19] (O último, para obter uma cadeira permanente no Conselho de Segurança das Nações Unidas, o que, até hoje, não aconteceu.) Com certeza, isso também incluiu a necessidade de os Estados Unidos financiarem e garantirem os preços da borracha, o que os americanos mais queriam fazer.

Pouco tempo depois, em 1941, os Estados Unidos entraram na Segunda Guerra Mundial e se juntaram à Inglaterra para patrulhar e defender o Atlântico Sul e os amplos comboios de navios mercantes que transportavam materiais estratégicos, basicamente borracha, da Floresta Amazônica até os Estados Unidos e os portos aliados para a construção da máquina de guerra aliada.

Capítulo 5

OS ESTADOS UNIDOS E O BRASIL ENTRAM NA SEGUNDA GUERRA MUNDIAL

EM 1939, NO INÍCIO DA GUERRA NA EUROPA, o Major Delos C. Emmons, comandante da Força Aérea Norte-Americana, sobrevoou a costa do nordeste do Brasil e concluiu que a cidade de Natal era o ponto mais estratégico, tanto para uma possível invasão alemã na América do Sul, quanto para os Aliados usarem de base de suporte para as operações na África. O Major disse que Natal seria fundamental

FIGURA 9 – Natal como porto na década de 40.
Fonte: John R. Harrison, Fairwing – Brazil, tales of the South Atlantic, 2011, p. 59.

FIGURA 10 – Mapa dos navios mercantes afundados por submarinos no Atlântico.

Fonte: John R. Harrison, Fairwing – Brazil, tales of the South Atlantic, 2011, p. 23.

para os Aliados para defender a América do Sul e impedir a expansão alemã na região. A avaliação da posição estratégica de Natal do Comandante Emmons deu impulso ao rápido desenvolvimento não somente da cidade em si, mas em toda a área.

Antes da guerra, Natal era uma cidade brasileira costeira tranquila com apenas 40.000 habitantes. Durante os anos de guerra, a cidade dobrou a população para umas 80.000 pessoas e vivenciou amplas melhorias em infraestrutura.

Naquele ano de 1939, os EUA ainda não estavam em guerra contra a Alemanha, mas já sentiam a necessidade de se fortificar de uma maneira sutil na costa do nordeste do Brasil. Em um arranjo com a Pan American Airways, que era cossignatária, começaram um programa para desenvolver as bases aéreas na região, mas a base aérea principal foi Parnamirim, em Natal, que, durante a guerra, se tornou a base mais movimentada do mundo, com aeronaves americanas e britânicas decolando e pousando a cada três minutos o dia todo. "Somente um voo de oito horas até Dakar, a base aérea de Natal, se tornou conhecida como o 'trampolim para a vitória', a rota de abastecimento mais importante para tropas, aeronaves e equipamentos para chegar às frentes de batalha na Grã-Bretanha e na África do Norte."[20]

O Presidente Vargas certamente queria obter o máximo possível de equipamentos e treinamentos militares modernos para suas forças armadas em troca pela aliança de guerra do Brasil com os Estados Unidos.

Mas Vargas também sabia que, após o papel de liderança que teve como Presidente da Conferência do Rio, em janeiro de 1942, o Brasil também precisava da proteção dos Estados Unidos, não só pelo crescente número de ataques dos submarinos alemães aos navios brasileiros, mas também contra as ameaças percebidas à segurança da fronteira sul do Brasil do seu tradicional rival, Argentina, que continuava oficialmente neutra, mas simpatizava com a Alemanha.

Em 16 de fevereiro de 1942, os submarinos alemães afundaram o primeiro navio brasileiro, o Buarque, pouco depois de sair do porto de Belém, como uma carga de borracha bruta e castanha-do-pará, estimulando Vargas a solicitar comboios de proteção e artilharia dos Estados Unidos.[21] Estava claro que as cargas de materiais estratégicos do Brasil precisariam de proteção militar.

"Quando a primeira divisão da Patrol Wing 11, o avião anfíbio VP-83 PBY5A pousou em Natal, o Brasil ainda era um país publicamente neutro, mas também estava começando a cooperar mais com as Forças Aéreas Norte-Americanas. O grau de cooperação aumentou rapidamente quando os submarinos começaram a afundar os navios brasileiros no Atlântico Sul. Cinco semanas depois da chegada em Parnamirim, o VP-83 estava protegendo os navios contra os ataques dos submarinos das Potências do Eixo. O Almirante Doenitz (da marinha alemã) mandou vários submarinos alemães e italianos para o Atlântico Sul para interceptar as embarcações mercantis que traziam abastecimento dos países da América do Sul e Extremo Oriente para os EUA e a Grã-Bretanha. De maio de 1942 até julho de 1943, o ritmo das atividades dos submarinos no Atlântico Sul era crescer em seu nível máximo."[22]

O Governo norte-americano fundou Parnamirim e era a maior base aérea fora dos Estados Unidos. Estradas, alojamentos e instalações sanitárias eram necessárias para acomodar a rápida explosão da população na área e centenas de brasileiros que migraram para lá para trabalhar. Os soldados brasileiros também eram enviados para as bases do Exército e da Marinha na área para treinamento.

FIGURA 11 – PBY na pista – Parnamirim, 1943.
Fonte: coleção Fairwing – Brasil.

FIGURA 12 – Tripulação do VB-107-B-10 (O Subduer).
Fonte: coleção Fairwing – Brasil.

Em 11 de dezembro de 1941, apenas cinco dias depois que os japoneses bombardearam Pearl Harbor, uma frota da Marinha dos EUA, composta de nove aeronaves PB4 Catalina e um Clemson, chegou em Natal; duas semanas mais tarde, 50 fuzileiros navais chegaram para patrulhar as bases, e o Exército americano estava firmemente em controle da costa do nordeste brasileiro. Durante a guerra, estimava-se que entre 3.000 e 5.000 americanos estavam localizados em Parnamirim e dezenas de milhares de tropas americanas e britânicas passaram por Natal em trânsito.

Depois da guerra, os residentes mais antigos de Natal contavam histórias para seus filhos e netos sobre sua relação com as tropas americanas com base na cidade. Uma história contada para mim por um taxista em Natal falava como as tropas americanas queriam perus para o jantar de Ação de Graças, mas, naquela época, não era fácil encontrá-los no Brasil. Ele me falou sobre como ele e seu primo foram para o aterro sanitário de Natal e mataram vários urubus-de-cabeça-vermelha, temperaram e venderam às tropas americanas para as comemorações de Ação de Graças. Quando perguntei o que os americanos acharam dos "perus", o motorista disse: "Eles disseram que era o pior peru que já tinham comido".

Como parte do plano geral de cooperação no esforço de guerra, o Brasil não só se tornou uma das mais importantes fontes de borracha dos Aliados, sob os novos acordos assinados por Franklin D.

FIGURA 13 – Monumento aos Pracinhas no Rio de Janeiro.
Fonte: Fernando Dall'Acqua, 2005.

FIGURA 14 – John Harrison em uma aeronave, no inverno.

Fonte: John R. Harrison, Fairwing – Brazil, tales of the South Atlantic, 2011, p. 8.

Roosevelt e o Governo de Getúlio Vargas, mas o governo brasileiro também enviaria uma força expedicionária para se juntar aos Aliados na Itália. O fato de que os soldados brasileiros lutaram com Eisenhower na Europa é pouco conhecido para quem é de fora do Brasil. No Rio, as bandeiras comemorativas hasteadas indicavam que os Aliados na Segunda Guerra Mundial foram Estados Unidos, Grã-Bretanha, França e Brasil. Convencionalmente, faltava a bandeira russa.

Nas últimas semanas, recebi uma ligação de John R. (Jack) Harrison, um dos militares sobreviventes que passou a maior parte dos anos de guerra em Natal, no Brasil, como parte da unidade de Fotografia da Força Aérea Naval dos EUA. Correspondente do *New York Times*, Larry Rohter, especialista em relações brasileiras contemporâneas, indicou-me para Jack. Sabendo do nosso interesse na relação entre Brasil e Estados Unidos durante a virada do século pelo *boom* da borracha até a Segunda Guerra Mundial, Larry pensou que eu e Jack teríamos muito o que conversar.

Jack me falou sobre um livro incrível que ele escreveu e publicou em 2011 chamado *Fairwing – Brazil, tales of the South Atlantic*. Ele fez somente 100 cópias desse livro e foi muito gentil em me enviar uma cópia. O livro mostra detalhes gráficos com mais de 275 fotografias da história da relação de guerra entre EUA e Brasil de 1941 a 1947. O livro de Jack cobre informações que somente alguém que viveu a história poderia saber.

FIGURA 15 – Centro de Natal desde a Cidade Alta – dezembro de 1943.

Fonte: John R. Harrison, Fairwing – Brazil, tales of the South Atlantic, 2011, p. 58.

"Recife, que tinha as instalações portuárias necessárias, foi a base principal para os navios da Quarta Frota, que consistia de destróier, cruzadores, embarcações de serviço e até (1944-45) porta-aviões Jeep. O campo de Ibura, em Recife, também se tornou a segunda maior base aérea Brasil-EUA e foi usado pelos esquadrões dos dois países. No final, Fairway 16 juntou as bases aéreas pelo caminho desde Belém, no norte, até Florianópolis, no sul do Brasil, com algumas dessas bases sendo estritamente para hidroavião."

"Depois, Natal também se tornou o ponto mais ao sul para o trânsito de aeronaves, pessoas e material de guerra para os Aliados norte-americanos na Europa, no Mediterrâneo, entre China-Burma-Índia e as áreas de guerra no Pacífico. Adequadamente, o Comando de Barcos da Força Aérea dos EUA, mais tarde Comando de Transporte Aéreo (ATC) fez de Natal a 'Estrada do mundo', começando em 1942.

FIGURA 16 – Parnamirim
depois da construção
completa – 1944.
*Fonte: John R. Harrison,
Fairwing – Brazil, tales of the
South Atlantic, 2011, p. 71.*

Milhares de pessoas das forças armadas aliadas (e também artistas e personagens políticos norte-americanos) passaram por Natal e pela Base Aérea de Parnamirim, depois de ser amplamente expandida em 1942-43."[23]

"Uma das visitas mais notáveis ocorreu em 28 de janeiro de 1943, quando Franklin Delano Roosevelt (FDR) chegou em Natal, quando voltava da conferência em Casablanca com Winston Churchill. FDR havia notificado o Presidente Vargas sobre seu itinerário por Natal, então os dois líderes aproveitaram a oportunidade para se encontrar novamente. Neste encontro, o Presidente Vargas concordou em enviar três divisões da Infantaria Brasileira e um esquadrão de aviões de combate para as regiões da Europa."[24]

"Evidência clara da boa relação pessoal entre o Presidente Vargas, FDR e o Almirante Ingram fica óbvia no comportamento descontraído de todos os presentes na foto do grupo em um jipe."[25]

Embora a Segunda Guerra Mundial certamente tenha sido considerada um evento desastroso por várias perspectivas, para o Brasil, provou ser benéfica de muitas maneiras. Os acordos com os Estados Unidos, que ajudaram a dar ao Brasil um exército bem equipado, uma série de bases aéreas fundamentais pelo Brasil, especificamente na Bacia do Amazonas, incluindo Belém, Manaus e também Natal, literalmente trouxeram o Brasil ao século XX e ajudaram a consolidar sua ampla área em uma única nação. Certamente, o investimento dos EUA no Brasil foi sem precedentes, e havia algu-

FIGURA 17 – Presidente FD Roosevelt e Getúlio Vargas.
Fonte: John R. Harrison, Fairwing – Brazil, tales of the South Atlantic, 2011, p. 162.

ma preocupação de que os Estados Unidos quisesse continuar tendo alguma influência sobre o Brasil e sua política.

Posteriormente, os militares brasileiros que serviram com as tropas americanas na Itália, em Parnamirim e em outras bases aéreas americanas durante a guerra se tornaram amigos leais dos Estados Unidos. Muitos deles foram para academias e escolas militares no país, incluindo a West Point, e, no Golpe Militar de 1964 no Brasil, esses pró-generais dos EUA receberam apoio moral militar daquele país. Como um jovem repórter para a United Press International em 1964 e responsável por uma boa parte da cobertura da UPI para o golpe militar, fiquei bem familiarizado com muitas das figuras militares no golpe.

Depois, a organização de jornalistas de São Paulo me premiou com uma medalha de prata pela cobertura "justa e confiável" do golpe militar. Por vários meses, meu escritório da UPI em São Paulo esteve sob fortíssima censura militar, com dois censores militares lendo todas as nossas mensagens. Mesmo depois, após terem retirado os censores, nossas mensagens foram monitoradas de perto por muitos meses, até que o golpe sentiu que estava firme no controle.

Em muitas conversas e entrevistas com os militares brasileiros, envolvidos no golpe, eles, de modo unânime, expressaram seu respeito pelos líderes militares norte-americanos que conheceram pessoalmente durante o tempo em que estiveram na Itália, sob o comando do General Eisenhower, na Segunda Guerra Mundial.

FIGURA 18 – Prêmio dado a Gary Neeleman por sua reportagem justa e confiável sobre o Golpe Militar de 1964.

Fonte: coleção de Gary Neeleman.

Capítulo 6

A CONFERÊNCIA DO RIO

CONFORME OS EUA FORAM FICANDO totalmente engajados na Segunda Guerra Mundial depois do bombardeio de Pearl Harbor, uma conferência hemisférica fundamental foi convocada no início de janeiro de 1942, realizada no Rio de Janeiro. Um pouco mais de um ano antes, em uma conferência hemisférica realizada em Washington, DC, envolvendo as 21 repúblicas latino-americanas, o Presidente Franklin Roosevelt citou Alexandre Dumas, na história de *Os Três Mosqueteiros*, como "Um por todos, todos por um". Roosevelt estava se referindo à defesa do Hemisfério Americano sob a luz dos eventos na Europa. Embora os EUA ainda não estivessem envolvidos na guerra mundial, ficou evidente que havia uma possibilidade real de que isso acontecesse, e a administração de Roosevelt foi determinada para criar as bases para a defesa da América do Norte e do Sul.

Nove anos mais tarde, Franklin Roosevelt lançou a política da "Boa Vizinhança" para a região da América Latina, e o único possível dissidente parecia ser o governo da Argentina. A Argentina sempre se considerou como líder lógico do Hemisfério Sul e, por muitos anos, tinha uma relação sólida, não só com os Estados Unidos, mas também com o Brasil, na fronteira norte.

FIGURA 19 – Sumner Wells.

FIGURA 20 – Enrique
Ruiz Guinazu.
Fonte: foto de domínio público.

A Conferência do Rio de Janeiro foi considerada pela administração de FDR como um teste crítico da influência dos Estados Unidos na América Latina, e muitos sentiram que seu sucesso ou o fracasso poderiam determinar o resultado da guerra mundial.

As duas pessoas mais importantes nesta conferência histórica eram Sumner Wells, Subsecretário de Estado na administração da FDR, e Oswaldo Aranha, perspicaz e extremamente capaz Ministro das Relações Exteriores do Brasil. Como apresentação da importância dessa conferência, Sumner Wells chegou ao Rio de Janeiro com uma delegação de 46 pessoas. Wells tinha feito seu dever de casa e estava confiante de que tinha o apoio da maioria das repúblicas latino-americanas, e seu plano era convencê-las de que tudo do que ele precisava era seu apoio e de que os Estados Unidos assumiriam a responsabilidade de defender o hemisfério.

A única interrogação em toda a estratégia era a Argentina, representada por Ruiz Guinazu, que era Presidente do Conselho da Liga das Nações e tinha considerável prestígio na Conferência.

Felizmente, para os Estados Unidos, Oswaldo Aranha, do Brasil, acreditava fervorosamente que os laços estreitos com os Estados Unidos eram um interesse de longo prazo do Brasil. Aranha era considerado um dos diplomatas mais coloridos e capazes do Brasil e tinha um interessante passado como revolucionário de uma época, entre outras coisas. Ele se envolveu em levar Vargas ao poder em 1930 e, embora tivesse divergências consideráveis com as visões totalitárias de Vargas, tornou-se o aliado mais influente na longa jornada. Ele acreditou na democracia e sua inclinação para os Estados Unidos evoluiu durante sua época como embaixador brasileiro nos EUA, em Washington, em 1934.

Como muitos outros políticos brasileiros de sucesso, Oswaldo Aranha nasceu no Rio Grande do Sul, em 15 de fevereiro de 1894, e foi criado na fazenda de gado do seu pai. Como outros gaúchos, Aranha era um patriota zeloso e um ativo crítico para Getúlio Vargas durante seus anos no poder.

Aranha presidiu a conferência e também era o administrador, então tinha uma posição de influência extraordinária. Não somente ele teve que equilibrar as discussões entre os vários membros da conferência, mas também teve que encontrar uma maneira de impulsionar a agenda dos EUA, que poderia satisfazer a maioria se não tivesse todos os representantes.

Provavelmente, o principal objetivo da estratégia norte-americana era proteger os produtos e bens da América Latina para os esforços de guerra. Com os japoneses agora controlando a maioria dos abastecimentos de borracha no Sudeste Asiático, era fundamental que os EUA tivessem acesso aos produtos latino-americanos, principalmente a borracha da Amazônia brasileira. Em outras palavras, era uma estratégia de "bens", não de "ouro", a que, esperançosamente, seu amigo brasileiro Oswaldo Aranha daria apoio. Entre os produtos fundamentais de

FIGURA 21 – Oswaldo Aranha.
Fonte: foto de domínio público (PD-US).

que os EUA e os Aliados precisavam, estavam a borracha, o minério de ferro, produtos químicos, diamantes industriais e cânhamo. A borracha estava acima de todos os outros produtos, e o Brasil era a resposta para a escassez.

Jefferson Caffery, embaixador dos EUA no Brasil, estava morando no Rio de Janeiro e trabalhava com Oswaldo Aranha na preparação da Conferência. Na Secretaria do Estado, Sumner Wells estava bem consciente sobre a possibilidade de o governo argentino resistir à iniciativa norte-americana, mas sua experiência como Ex-Primeiro-Secretário na Embaixada dos EUA em Buenos Aires nos últimos dois anos da Primeira Guerra Mundial deu a ele um entendimento da mentalidade argentina que não teria de outra maneira. Foi parcialmente por sua influência que a Argentina permaneceu neutra durante a Primeira Guerra Mundial.

Mesmo que a maioria da população argentina fosse pró-EUA, Ruiz Guinazu, com descendência espanhola, tendia a ser anti-EUA e lutava com a agenda americana por razões políticas e econômicas.

Os cumprimentos dos delegados aconteceram no recém-reformado Palácio do Itamaraty, mas as reuniões foram realizadas no histórico Palácio Tiradentes. Tiradentes foi um dentista popular e revolucionário na história do Brasil. Os portugueses enforcaram-no e enviaram as partes do corpo para várias partes do Brasil como um alerta para os outros dissidentes.

Em fevereiro de 1941, os Estados Unidos estavam ansiosos para realizar uma conferência hemisférica para determinar as atitudes das repúblicas latino-americanas referentes a um possível envolvimento dos EUA na guerra. Embora quisessem a reunião, o mais rápido possível, os funcionários do governo norte-americano achavam que não seria inteligente para os EUA convocarem a reunião, em vez de esperarem que outra república latino-americana o fizesse. Como a possibilidade de os EUA se envolverem na guerra se aproximava cada vez mais, o governo norte-americano estava bem mais ansioso por essa reunião. Apenas dois dias depois do ataque a Pearl Harbor, em 9 de dezembro de 1941, os EUA realizaram seu desejo. Juan B. Rossetti, Ministro das Relações Exteriores do Chile, enviou um telegrama ao Conselho de Administração da União Pan-Americana, pedindo para que uma reunião de ministros das relações exteriores fosse feita o mais rápido possível.

Os EUA se mexeram rapidamente para acertar a proposta do Ministro Rossetti e começaram a se preparar para tal reunião, e todos concordavam que deveria ser realizada na capital do Brasil, Rio de Janeiro. Entre os objetivos que os EUA esperavam cumprir nessa reunião estava convencer as repúblicas latino-americanas a servir as relações com as potências do Eixo, mesmo se não pudessem declarar guerra a elas. A principal preocupação dos EUA era como Brasil, Chile, Argentina e México iriam reagir à pressão norte-americana O embaixador dos EUA na Argentina, Norman Armour, advertiu Sumner Wells de que estava ficando cada vez mais certo de que os argentinos não romperiam relações com o Eixo. Parte da razão era por causa do grande número de italianos e alemães que viviam na Argentina. Os EUA decidiram que ficariam satisfeitos se Chile, México e Brasil se unissem às outras repúblicas latino-americanas no rompimento de relações com as potências do Eixo, e a Argentina poderia seguir sozinha. O outro objetivo, que os EUA esperavam alcançar, era proteger os bens e produtos das repúblicas latino-americanas para auxiliar o país no esforço de guerra.

Apesar do fato de os Estados Unidos não terem conseguido fazer com que a Argentina concordasse com todas as coisas que esperavam alcançar, o resto das repúblicas latino-americanas, incluindo Brasil, Chile e México aprovaram as propostas. Estava claro que muitas das menores repúblicas não eram fortes o suficiente para se opor à pressão dos EUA, mas o fato de que os Estados Unidos estavam prontos e desejavam proteger o hemisfério a partir da incursão do Eixo e, ao mesmo tempo, comprar seus produtos iria contribuir para que o esforço de guerra norte-americano fosse possível por um voto quase unânime.

Obviamente, para os Estados Unidos, o país mais importante na América Latina era o Brasil. Antes do envolvimento dos EUA na guerra, o homem forte do Brasil, Getúlio Vargas, vacilou entre os Estados Unidos e a Alemanha, mas o Ministro das Relações

Exteriores do Brasil, Oswaldo Aranha, fez a diferença e convenceu Vargas de que os EUA tinham mais a oferecer ao Brasil em longo prazo do que a Alemanha. "Com medo da reação da Argentina, o Presidente Vargas moveu-se sobre romper publicamente as relações com as potências do Eixo até que Aranha ameaçou a resignar e explicar suas razões publicamente caso o Brasil não rompesse imediatamente as relações com o Japão, a Alemanha e a Itália."[26] Vargas finalmente concordou. O apoio inabalável de Aranha para a aliança com os Estados Unidos ganhou a confiança do Subsecretário Welles, que se tornou um defensor líder para a proteção da soberania do Brasil na Administração de Roosevelt.

A outra parte da barganha de Getúlio Vargas com o governo norte-americano foi ele assinar um acordo em 3 de março de 1942 que deu aos Estados Unidos o direito de explorar os recursos da borracha natural na Bacia do Amazonas. Este acerto era conhecido como "o acordo" e tornou-se uma contribuição significativa à vitória dos Aliados. Durante anos, Vargas esteve tentando encontrar uma maneira de mover os brasileiros que viviam na costa do nordeste afetada pela seca para a Bacia do Amazonas, não só para proteger a reivindicação da área pelo Brasil. O acordo entre o governo de Vargas e a administração de FDR permitia que Vargas continuasse com seu plano e atendesse sua obrigação com os Estados Unidos.

Os outros elementos da barganha com os EUA incluíam uma faixa das bases aéreas norte-americanas pela costa leste do Brasil, equipamento e treinamento para as Forças Armadas Brasileiras e um acordo de Vargas para enviar 25.000 tropas à Itália para lutar junto com os Aliados na Itália, incluindo um esquadrão de caças. Também havia outras considerações, incluindo o financiamento de uma operação de minério de ferro/aço no nordeste do Brasil. Tudo isso resultou em um acordo que Getúlio Vargas não tinha como recusar.

Capítulo 7

OS ACORDOS ENTRE BRASIL E ESTADOS UNIDOS

OS ESTADOS UNIDOS E O BRASIL já tinham estabelecido alguns acordos informais antes do início da guerra, mas quando os japoneses bombardearam Pearl Harbor, em 7 de dezembro de 1941, os dois lados se mexeram rapidamente para formalizar tais acordos de cooperação, principalmente aqueles envolvendo a produção da borracha na Bacia do Amazonas. Até esse momento, a borracha amazonense era colhida por brasileiros e comercializada pela elite da borracha brasileira. Agora, pela primeira vez, com os novos acordos Brasil-EUA em vigor, o Governo Brasileiro se envolvia com um governo estrangeiro na colheita e comercialização da borracha. Pouco depois de duas semanas da Conferência do Rio, os governos americano e brasileiro trocaram um acordo preliminar sobre não apenas a produção da borracha, mas

FIGURA 22 – "The Washington Accords" Chabloz.

Fonte: Dos arquivos do Museu de Artes da Universidade Federal do Ceará.

65

FIGURA 23 – "Partindo para a Amazônia - engenheiros de terno".

Fonte; Aba-Film dos arquivos do Museu de Arte da Universidade Federal do Ceará.

sobre o mecanismo pelo qual os estados Unidos comprariam a borracha brasileira. Os dois países concordaram em estabelecer a "Rubber Reserve Company" (Companhia de Reserva da Borracha), uma agência americana, que teria escritórios no Rio de Janeiro e em Washington, DC e seria responsável pela compra de toda a borracha brasileira, que não fosse necessária para uso doméstico no Brasil.

O governo brasileiro criou uma nova organização oficial com a responsabilidade de investigar e administrar os recursos estratégicos no país. Também solicitaram assistência técnica dos Estados Unidos para ajudar neste novo esforço. Os bilhetes trocados entre o Ministro das Finanças do Brasil, Souza Costa, e o Secretário de Estado americano, Sumner Wells na administração de Franklin Roosevelt, explicou que o Brasil precisava de US$ 100 milhões para colocar o programa em andamento. Sumner Wells respondeu no mesmo dia em que os Estados Unidos estavam em acordo com a proposta brasileira e que os EUA estavam preparados para imediatamente definir uma linha de crédito de US$ 100 milhões para financiar a nova organização de desenvolvimento no Brasil.

Como Subsecretário Sumner Wells negociou não só com o governo brasileiro, mas também com os administradores americanos em um esforço para encontrar o ponto comum para os acordos críticos, ele estava bem sensível à resistência do Brasil quanto a ideia de que os Estados Unidos estariam contando o que fazer. Na verdade, em um memorando ao vice-presidente americano Wallace, ele disse que nunca aprovaria uma política "que poderia só ter sido interpretada pelo Governo Brasileiro e pelo povo do Brasil como um esforço para utilizar a atual emergência internacional como meio de obter dos direitos e prerrogativas do Brasil que teriam sido equivalente à intervenção econômica direta no Brasil, menosprezando a soberania brasileira."[27] Wells tinha um aliado na Secretaria do Comércio, Jesse Jones, e juntos aprovaram a formação de uma organização de Desenvolvimento Brasileiro, que seria financiada pelos EUA com uma linha de crédito de US$ 100 milhões. Esta organização também fiscalizar a distribuição e alocação de US$ 5 milhões de dólares, que foi prometido nos acordos de 3 de março para o desenvolvimento da produção da borracha na Amazônia.

Depois vem o acordo real estabelecendo a Rubber Reserve Company:

NEGOCIAÇÕES REFERENTES À PRODUÇÃO, COMPRA E DISTRIBUIÇÃO DA BORRACHA BRASILEIRA E DOS PRODUTOS DE BORRACHA

832.6176/171: Telegrama

A Secretaria do Estado para o embaixador no Brasil (Caffery)[28]

WASHINGTON, 9 de fevereiro de 1942—meia-noite

313. Seu 283, 29 de janeiro, 23h.[29] A seguir, trecho da Rubber Reserve:[30]

"A Rubber Reserve concordará em comprar toda a borracha disponível até 30 de junho de 1944, pelo preço base de 39 centavos f.o.b. Belém para acre fina, com base lavada e seca, com os diferenciais apropriados para tipos não lavados e classes inferiores.

"O acordo acima está sujeito às seguintes condições: (1)Seguro do Governo Brasileiro que irá impulsionar os esforços para encorajar a produção e o fluxo da borracha desde todos os mercados brasileiros até a Rubber Reserve Company; (2). Licenças de exportação a serem restritas à Rubber Reserve ou seus nomeados: (3). Toda a borracha produzida para ser vendida para o Rubber

Reserve na base de preço acima, exceto a quantidade necessária para consumo doméstico; (4). O preço base de 39 centavos f.o.b. Belém com diferenciais similares deve ser estabelecido pelo Governo Brasileiro para consumo doméstico.

"A Rubber Reserve Company irá estabelecer a representação nesses mercados brasileiros, já que pode ser necessário para expedir as compras e o fluxo da borracha para os Estados Unidos.

"Em vista das condições existentes afetando os produtos de borracha, confira aos oficiais apropriados do governo e aconselhe o mais rápido possível."

Com referência a (2) acima, a Divisão de Prioridades do Conselho Administrativo da Produção de Guerra em 23 de janeiro, emite uma ordem[31] restringindo a venda da borracha pelos comerciantes para a Rubber Reserve Company e, de modo oposto, restringir a compra da borracha nos Estados Unidos até a Rubber Reserve Company. Consequentemente, na medida em que os Estados Unidos estão preocupados, o maquinário necessário já foi estabelecido. HULL

Quando os dois governos concordaram com os termos deste acordo preliminar, este entendimento formal entre os dois países se tornou a base de cooperação para a produção da borracha por toda a duração da II Guerra Mundial. Dos arquivos do Senado Norte-Americano, lemos:

Ministro das Finanças do Brasil para o Secretário de Estado[32]
[Tradução]

Embaixada dos
Estados Unidos do Brasil,
Washington, 3 de março de 1942

Sr. Secretário de Estado:

Eu tive a honra de trocar bilhetes com Sua Excelência hoje referindo-se à criação de uma organização de desenvolvimento brasileira para a qual um crédito de US$100 milhões será ampliado pelo Banco de Exportação-Importação. Essa organização brasileira foi estabelecida junto com a resolução II da Terceira Reunião de

Concertação dos Ministros de Relações Exteriores das Repúblicas Americanas no Rio de Janeiro, em virtude de Governo Brasileiro ter resolvido colaborar com essas repúblicas no maior grau possível para a imobilização de seus recursos econômicos com uma visão especial para aumentar a produção dos materiais estratégicos essenciais para a defesa do hemisfério contra a agressão armada para a manutenção da economia do Brasil e das outras repúblicas americanas. Um dos projetos concretos com relação ao desenvolvimento das fontes do Brasil que foram discutidas entre o Governo de Sua Excelência e a Missão Econômica Brasileira, que tenho a honra de liderar, é aquele relacionado ao aumento da produção de borracha no Vale do Amazonas e regiões adjacentes. Nossas discussões sobre esta questão agora alcançou o estágio onde acredito ser possível sugerir os seguintes pontos para tal projeto:

1. A Rubber Reserve Company, para cooperar com o governo brasileiro no desenvolvimento da borracha no Vale do Amazonas e nas regiões adjacentes, irá estabelecer um fundo de cinco milhões de dólares para serem usados para aumentar a produção da borracha nesse vale e nas regiões. Espera-se que o gasto desse valor resulte no aumento da exportação da borracha brasileira para os Estados Unidos da América, em um volume superior a 25.000 toneladas.

2. O Banco do Brasil ou outro departamento ou agência do governo brasileiro irá se tornar o comprador único e final da borracha, tanto para exportação quanto para consumo interno, com exceção da Rubber Reserve Company, que, de acordo com o Banco do Brasil, poderá comprar a borracha por sua conta. O Governo Brasileiro, depois de reservar as quantidades adequadas para suas necessidades internas irá estabelecer as quotas para exportação visando fornecer a maior quantidade de borracha para os EUA.

3. A Rubber Reserve Company irá fazer um acordo de cinco anos com o Banco do Brasil ou com outro departamento ou agência do governo brasileiro para a aquisição da borracha produzida no Brasil.

4. A Rubber Reserve Company irá cooperar com o Instituto Agronômico do Norte na solução dos problemas científicos do desenvolvimento da produção da borracha no Vale do Amazonas e nas regiões adjacentes.

5. O Governo Brasileiro irá cooperar totalmente com o Governo dos EUA para aumentar a produção da borracha bruta e manufaturada no Brasil.

6. De acordo com a resolução XXX aprovada na Reunião de Concertação dos Ministros das Relações Exteriores das Repúblicas Americanas realizada no Rio de Janeiro, o Governo dos EUA irá fornecer os serviços da Divisão de Saúde e Saneamento estabelecida pelo escritório do Coordenador de Assuntos Interamericanos para os trabalhos de desenvolvimento do Vale do Amazonas e das regiões adjacentes, com o objetivo de realizar um programa de melhoria das condições sanitárias, junto com as agências oficiais das outras repúblicas americanas.

Em nome do Governo Brasileiro e de acordo com os entendimentos, de que a Missão Econômica Brasileira alcançou com os representantes do Governo Norte-Americano, tenho a honra de solicitar a Sua Excelência a para ser bom o suficiente em considerar as propostas acima mencionadas.

Eu ajudaria com a oportunidade de apresentar a sua Excelência as garantias de minha mais alta consideração.

A de Sza Costa Sua Excelência Sumner Wells
Secretário de Estado
dos Estados Unidos da América

Este é o contrato acima mencionado em português, conforme recebido de A de Sza Costa:

O Ministro de Finanças do Brasil para o Secretário Interino de Estado.[33]

Embaixada dos Estados Unidos do Brasil.

Washington em 3 de Marco de 1942.

Senhor Secretário de Estado Interino.

Tive a honra de trocar hoje com Vossa Excelência notas referentes à criação de uma organização brasileira de expansão á qual será concedido um crédito de 100 milhões de dólares pelo Banco de Exportação e Importação. Esta organização brasileira foi estabelecida em consoante à Resolução II da Terceira reunião

Consultiva de Ministros de Relações Exteriores das Republicas Americanas realizada no Rio de Janeiro, in virtude da qual o Governo brasileiro resolveu colaborar com as mesmas Republicas no mais alto grau possível para a mobilização dos seus recursos econômicos visando especialmente o aumento da produção dos materiais estratégicos essências a defesa do Hemisfério contra a agressão da economia do Brasil e de outras republicas americanas.

Um dos projetos concretos a respeito do desenvolvimento dos recursos do Brasil que tem sido discutido entre o governo de Vossa Excelência e a Missão Econômica Brasileira, que tenho a honra do chefiar, é o que se refere à expansão da produção de borracha no vale do Amazonas e regiões adjacentes. Nossas discussões sobre tal assunto alcançaram agora o ponto em que acredito ser possível sugerir os seguintes itens para citado projeto:

1. A Rubber Reserve Company, a fim de cooperar com o Governo brasileiro no desenvolvimento da borracha do vale da Amazonas e regiões adjacentes, estabelecerá um fundo de cinco milhões de dólares destinado a aumentar a produção de borracha no citado vale e regiões. É de se esperar que o dispêndio dessa soma resulte no aumento da exportação de borracha brasileira para os Estados Unidos da América, em volume anual não inferior a vinte e cinco mil toneladas.

2. O banco do Brasil e outro departamento ou agencia do governo tornar-se-á o início e final comprador de borracha tanto para a exportação quanto parta consumo doméstico, exceção feita da Rubber Reserve Company que, de acordo com o Banco do Brasil, poderá adquirir borracha por sua própria conta. O Governo brasileiro depois de reservar quantidades adequadas para suas necessidades internas estabelecerá quotas de exportação visando fornecer aos Estados Unidos da América a maior quantidade de borracha.

3. A Rubber Reserve Company fará um acordo de cinco anos com o banco do Brasil ou outro departamento ou agencia do Governo brasileiro para aquisição da borracha no brasil.

4. A Rubber Reserve Company colaborará com o instituto Agronômico do Norte na solução dos problemas científicos do desenvolvimento da produção de borracha no Vale do Amazonas e regiões adjacentes.

5. O Governo brasileiro cooperará integralmente com o Governo do Estados Unidos da América para o aumento da produção de borracha crua e manufaturada do Brasil.

6. Em comprimento à resolução XXX aprovada na reunião Consultiva dos Ministros das relações Exteriores das Republicas Americanas, realizada no Rio de Janeiro, o Governo dos Estados Unidos da América, proporcionará os serviços da Divisão de Saúde e Saneamento estabelecida pela repartição do coordenador dos negócios interamericanos para os trabalhos de expansão do Vale do Amazonas e regiões adjacentes, com o objetivo de ali realizar um programa de melhoramento das condições sanitárias em colaboração com entidades oficiais de outras Republicas Americanas.

Em nome do Governo brasileiro e de conformidade com os entendimentos que a Missão Econômica brasileira realizou com representantes do Governo dos Estados unidos da América, tenho a honra de solicitar de Vossa Excelência se digne considerar as propostas acima mencionadas.

Aproveito a oportunidade para apresentar a Vossa Excelência os protestos da minha mais alta consideração.

De Sza Costa.
A sua Excelência o Senhor Sumner Welles, Secretário
do Estado Interior
Dos Estados Unidos da América.

No mesmo dia, Sumner Wells, Secretário de Estado de FDR, enviou a seguinte carta de aceitação a A. De Souza Costa:

A Secretaria de Ação do Estado para o Ministério Brasileiro de Finanças[34]

Departamento de
Estado de Washington
3 de março de 1942

EXCELÊNCIA:
Reconheço o recebimento de usa nota de 3 de março de 1942, definindo um programa para o desenvolvimento da borracha no

Vale do Amazonas e regiões adjacentes como um projeto para futura cooperação econômica entre os EUA e o Brasil, em apoio da Resolução II do Terceiro Encontro de Ministros de Relações Exteriores das Repúblicas Americanas realizado no Rio de Janeiro.

Tenho o prazer de informar que as agências apropriadas do Governo dos EUA consideraram esta proposta e estão preparadas para assumir este desenvolvimento de acordo com as propostas específicas com relação ao que foi mencionado nesta nota.

Acredito que este programa será uma etapa substancial para o desenvolvimento mútuo das vantajosas relações econômicas entre nossos dois países, conforme contemplado pela Resolução adotada na conferência do Rio de Janeiro.

Aceite, Excelência, as garantis das minhas mais distintas considerações.

Wells
                                                              Sumner

Secretário de Estado dos EUA Sua Excelência
Dr. Arthur de Souza Costa
Ministro das Finanças do Brasil

{Um acordo entre o Governo dos EUA e o Governo Brasileiro para aumentar a produção de borracha no Brasil entrou em vigor pela troca de notas entre o Secretário de Estado (Wells) e o Ministro das Finanças brasileiro (Souza Costa), assinado em Washington, no dia 3 de março de 1942. Para os textos das notas, consulte a Série de Acordos Executivos do Departamento de Estado No. 371 ou 57 decl. (pt.2) 1318}

"Infelizmente, a delegação do Brasil não incluiu um especialista em borracha e a Associação Comercial do Pará e do Amazonas foram rápidos em criticar a delegação do Souza Costa por concordar com o que tinham percebido como preço de barganha garantido de 39 centavos por libra FOB (livre a bordo) em Belém para as exportações de borracha bruta da mais alta qualidade (Acre fina) para os Estados Unidos. Este preço era consideravelmente mais alto que 18,5 centavos por libra que os Estados Unidos pagavam pela borracha bruta asiática em 1941, antes que os japoneses ocupassem o Sudeste Asiático, mas as elites da borracha da Amazônia pensaram que um preço mais alto poderia ser extraído devido às exigências da guerra."[35] A pesar de suas reclamações, o preço garantido foi alto o suficiente para que as elites da Amazônia entrassem na produção da borracha.

Valentine Boucas, que representava as empresas da borracha no Brasil foi indicada por Vargas, como o presidente da Comissão Brasileira para controlar os Acordos de Washington. Vargas confiou em Boucas para negociar efetivamente com as pessoas principais na administração de Roosevelt, incluindo Nelson Rockefeller, que Vargas achava que poderia ter minado a Soberania Brasileira na Amazônia. Existem aqueles que achavam que a Amazônia devia estar sob controle internacional e Vargas sabia disso. A Política da Boa Vizinhança era totalmente aceita por Roosevelt e a defesa do Secretário de Estado em exercício Sumner Wells da soberania brasileira ajudou os Estados Unidos a obterem a aprovação de Vargas para moderar os preços da borracha.

O Secretário do Comércio dos EUA foi designado a examinar, monitorar e aprovar pelo Banco de Importação e Exportação todos os financiamentos de projetos que trabalham em conjunto com o governo brasileiro.

Apesar desses documentos oficiais, assinados por representantes dos dois governos, por anos, houve uma questão na mente de muitos brasileiros, de se o governo americano pagou ou não pelos direitos de explorar a borracha brasileira, conforme descrito nos acordos de 3 de março de 1942.

Nos últimos anos, visitamos a cidade de Porto Velho, no estado de Rondônia, na Bacia do Amazonas, a questão do pagamento pelos Estados Unidos é continuamente levantada. O advogado do Sindicato dos Seringueiros, Irlan da Silva, tem sido persistente em nos pedir, e também muitos outros, para verificar se os Estados Unidos realmente deram ao Brasil a linha de crédito de US$100 milhões mencionada no acordo e os cinco milhões de dólares adicionais para aumentar a produção da borracha e também fornecer instalações sanitárias e de saúde. Além disso, eles pedem para verificar se os Estados Unidos pagaram os 39 centavos por libra estabelecidos pelo governo brasileiro como preço da borracha. Em troca, esse dinheiro deveria remunerar os extratores e suas famílias. Visitamos Irlan da Silva várias vezes em Porto Velho e também vários extratores sobreviventes que agora estão na faixa dos 90 anos ou mais. Um deles disse que tinha 107 anos e ainda perguntava quando seria pago. A maioria desses sobreviventes velhos vivem em uma pequena favela na periferia de Porto Velho.

Em 2010, viajamos a Brasília para encontrar Irlan da Silva e apresentamos a ele o novo embaixador Americano, Thomas Shannon, onde explicamos o atual dilema que enfrenta o Sindicato dos Seringueiros, com relação ao pagamento dos EUA ao Governo Brasileiro. Irlan da Silva explicou que o presidente Luiz Inácio Lula da Silva reconheceu indiretamente que os seringueiros tinham mais remuneração a receber e solicitou um aumento simbólico em sua pensão mensal. Porém, ele recusou admitir que os Estados Unidos pagaram pela borracha e, de acordo com Irlan da Silva, Lula aludiu ao fato de que o Governo Brasileiro não recebeu o pagamento total da borracha por parte dos EUA. Mostramos ao embaixador Shannon cópias do acordo original de 3 de março de 1942 e outros acordos subsequentes que pertenciam à organização da Corporação de Reserva da Borracha e detalhes dos outros pagamentos ao governo brasileiro. O embaixador ficou muito interessado nas cópias das transações e disse que não sabia de nenhuma solicitação do Sindicato dos Seringueiros por uma explicação de como e quando os Estados Unidos pagaram o Governo Brasileiro.

Mais tarde, no mesmo dia, encontramos o Ministro das Relações Exteriores do Brasil, Antonio Patriota, e ele também nos falou que não sabia detalhes sobre as transações financeiras entre os dois países, mas se interessou em saber mais.

Parte do objetivo deste livro não é apenas registrar a história da contribuição dos seringueiros à II Guerra Mundial, mas também traçar, por meio dos documentos recentemente revelados dos arquivos do Senado Norte-Americano o caminho do dinheiro desde o Governo dos EUA até o Governo Brasileiro e os bancos.

Depois de assinar os acordos entre Brasil/Washington em março de 1942, o presidente Roosevelt atribuiu a responsabilidade do programa de produção da borracha na América Latina à Empresa de Reserva da Borracha, uma subsidiária da US Reconstruction Finance Corporation (RDC). A RDC sucedeu a Empresa da Reserva da Borracha no início de 1943. O CIAA de Nelson Rockefeller foi removido do envolvimento direto na produção da borracha e, em seguida, deu a responsabilidade primária para a saúde pública e sanitária, e também informações públicas e propaganda de guerra.

Com o envolvimento direto dos Estados Unidos e toda a sua influência e poder, a questão surgiu, por que os serviços de saúde para os seringueiros não tiveram mais

FIGURA 24 – Avenida mostrando o Teatro, Clube Ideal e parque em Manaus.
Fonte: National Archives Building, Washington, DC (NAB).

sucesso? "A resposta está na dificuldade em fornecer comida e serviços de saúde a dezenas de milhares de extratores isolados que viviam e trabalhavam dispersos em uma vasta região de floresta tropical densa e centenas de afluentes, alguns dos quais inacessíveis durante meses devido às variações sazonais nas profundezas do rio."[36]

A RDC estabeleceu sua sede em Manaus no opulento e histórico Teatro Amazonas e trabalhou sob a direção de Phillip Williams. Também estabeleceu filiais em cidades portuárias estratégicas no oeste da Amazônia, incluindo Benjamin Constant, Boca do Acre, Guajará Mirim, João Pessoa, Porto Velho, Rio Branco, Sena Madureira e Vila Feijó.

"William despachou vinte técnicos em borracha americanos e quinze brasileiros para os vastos afluentes para relatar as condições nas propriedades e os obstáculos para aumentar a produção. Os técnicos de campo da RDC eram instruídos para examinar todos os aspectos da produção da borracha, incluindo: avaliação dos operadores e das propriedades; áreas de produção existentes e potenciais; locais disponíveis para as plantações de borracha; estado e especificações dos equipamentos e das instalações; técnicas de produção e necessidades de treinamento; disponibilidade de mão-de-obra, incluindo, as indústrias concorrentes; condições de trabalho, instalações e necessidades de transporte; aquisições de mercadorias; governos locais (incluindo legislação, impostos, atitudes dos oficiais locais), programas existentes das agências brasileiras; e recomendações para cooperação com outras agências americanas".[37] Este estudo não só examinou os problemas técnicos enfrentados pela indústria da borracha na Amazônia, mas também os desafios sociais encontrados pelos próprios extratores.

Os relatórios dos especialistas americanos deram ideias sobre as condições trabalhistas, econômicas e sociais no interior da Amazônia que eram valiosos não só para a RDC, mas também deram ao governo norte-americano informações em primeira mão e inteligência sobre a contestada fronteira amazonense. Fevereiro de 1942, o Subsecretário de Estado Sumner Wells informou ao embaixador Jefferson Caffery no Brasil e outras embaixadas norte-americanas na América Latina de que os especialistas americanos em borracha enviados para realizar pesquisas de campo na Amazônia tinham sido instruídos para aceitar as atribuições de descoberta de fatos do exército americano e relatou a eles suas descobertas.[38]

Os técnicos em borracha criticaram a gestão das plantações de seringueira no Rio Tapajós. De propriedade de uma combinação de seringueiros e pequenos produtores, muitas plantações tinham sido negligenciadas por dez até vinte anos. Os seringueiros ainda usavam facão para cortar e sangrar a casca das seringueiras pelo látex, embora as plantações no Sudeste Asiático tinham maior produtividade pelo uso da faca Jebong, uma ferramenta mais precisa, em forma de "J", que aumentava o rendimento do látex sem matar as árvores *Hevea*.[39] (Os vasos de látex estão próximos à camada interna, que, se cortada, destrói as árvores.)[40]

As condições nas plantações variavam dependendo do acesso a comida e suprimentos, com as melhores condições prevalecendo nos rios com fácil acesso a Belém, o principal porto de entrada para os suprimentos enviados do Pará, sul do Brasil e dos Estados Unidos. Uma das variáveis mais importantes era a disponibilidade de alimentos baratos e confiáveis nas plantações. Pará tinha um importante setor agrícola e boas redes de distribuição.[41]

As condições pioraram na Amazônia ocidental e nos afluentes remotos em outras regiões, onde a escassez de comida era crônica e as plantações de seringueiras dependiam dos envios de comida importada do sul do Brasil ou do exterior. Os casos de beribéri foram observados entre os soldados da borracha mais jovens e inexperientes. A incidência de doenças e várias mortes foi muito mais alto entre os soldados migrantes que entre os seringueiros indígenas ou caboclos.[42]

Somente dez dias depois de 3 de março de 1942, acordaram:

811.20 Defesa (M) Brasil/327; Telegrama

A Secretaria de Ação do Estado para o embaixador
no Brasil (Caffery)[43]

Washington, 13 de março de 1942—19h.

640. Seguindo da Reserva de Borracha:

"O contrato abaixo foi assinado pela Companhia de Reserva da Borracha e a República do Brasil em 3 de março:

"Este Contrato foi firmado no 3º dia de março de 1942, por e entre a Companhia de Reserva da Borracha, uma Agência do Governo dos Estados Unidos (doravante "Reserva"), uma corporação existente sob as leis dos Estados Unidos da América e tendo um escritório para a transação de negócios em Washington, D.C, parte da primeira parte, e a República do Brasil (doravante, às vezes, "Brasil"). Parte da segunda parte.

AQUELE QUE TESTEMUNHA:

1. O Brasil concorda em estabelecer, ou fazer estabelecer, uma única agência de vendas (que será o Banco do Brasil ou qualquer outro Departamento ou Agência Governamental do Brasil, como agência de vendo, doravante "Agência de Vendas"), localizada em Belém, Pará, e, em outros lugares, como pode ser desejado pela Reserva e pelo Brasil, com autoridade apropriada para adquirir e vender borracha bruta produzida no território da República do Brasil (essa borracha bruta será chamada de "Borracha").

2. Reserva concorda em fazer esses arranjos, conforme sejam necessários para compra da Borracha, sabe-se que todas essas compras devem ser baseadas em dinheiro, contra o envio, documentos, f.o.b. Belém, Pará, ou qualquer outro lugar que possa ser considerado desejável pela Reserva e pelo Brasil. Toda a borracha assim comprada deve estar sujeita a um ajuste do preço final com base na inspeção de qualidade e pesos líquidos certificados determinados no porto de entrada nos EUA.

3. Durante o termo deste contrato, a Reserva concorda em comprar e o Brasil (agindo pela Agência de Vendas) concorda em vender toda a Borracha, que não é necessária para a República do Brasil para uso ou consumo doméstico.

4. Reserva e Brasil concordam que o preço base para todas as compras e vendas da Borracha no parágrafo 3 deste instrumento devem ser de trinta e nove (39) centavos, moeda norte-americana, por libra f.o.b. Belém, Pará para o alto rio Acre Fina, em uma base de lavado e seco com diferenciais apropriados para tipos não lavados e classes inferiores (esse preço base, junto com esses diferenciais são aqui chamados de "Preço Fixo"); porém, desde que depois do vencimento dos 2 primeiros anos do termo deste contrato, o Preço Fixo deve estar sujeito a ajustes, de tempos em tempos, já que Reserva e Brasil podem concordar mutuamente de ser apropriado, por razão de qualquer alteração nas circunstâncias que afetam o preço da borracha bruta no mundo. Além do preço base acima mencionado, a Companhia de Reserva da Borracha irá pagar prêmios, da seguinte maneira: 2 1/2 centavos por libra para todo o excesso de borracha de 5.000 toneladas e até 10.000 toneladas comprados por este contrato pela Companhia de Reserva da Borracha durante qualquer ano deste contrato; um prêmio de 5 centavos por libra para toda compra de borracha por este contrato em excesso de 10.000 toneladas durante qualquer ano deste contrato, todos os prêmios assim pagos.

   a. devem ser creditados contra o fundo de US$5.000.000 da Companhia da Reserva da Borracha mencionada no parágrafo 1, da nota de Sua Excelência, o Ministro das Finanças do Brasil, dirigido ao Secretário de Estado dos Estados Unidos da América, com data de 3 de março de 1942, e

   b. deve ser invertido pelo Governo Brasileiro para o Instituto Agronômico do Norte, ou outro departamento ou agência do Governo Brasileiro que tenha funções similares, para serem utilizados para a expansão imediata da produção e da melhoria da qualidade da borracha selvagem bruta no Vale da Amazônia e regiões adjacentes.

4. Entende-se que o Brasil tentou estabelecer, ou fazer estabelecer, o Preço Fixo para todas as compras e vendas de Borracha para uso ou consumo nacional.

5. O Brasil concordou que deve usar seus melhores esforços para causar o valor máximo da Borracha a ser produzida e disponibilizada para venda na Reserva.

6. O Brasil, reconhecendo as grandes exigências da borracha nos Estados Unidos para emergência de guerra, concorda em restringir aos Estados Unidos da América, a exportação da borracha bruta e fabricada desde a República do Brasil, o fornecimento desses acordos deve ser feito para a compra por parte dos Estados Unidos da borracha manufaturada a preços a serem concordados mutuamente. A Reserva concorda de que toda a borracha comprada por meio deste instrumento deve ser eliminada somente de acordo com as regulamentações da Diretoria de Produção de Guerra ou alguma outra Agência do Governo Norte-Americano que tenha autoridade semelhante.

7. Reserva concorda que deve usar seus melhores esforços para expedir a compra e a exportação da Borracha, que a Reserva é obrigada a comprar de acordo com o parágrafo 3 deste instrumento.

8. O termo deste contrato deve ser para um período que começa com a data deste documento e termina em 31 de dezembro de 1946, menos que seja rescindido antes por consentimento mútuo das partes. Fim do acordo

A Rubber Reserve Company também está preparada para pagar os preços a seguir. F.O.B. Belém, para as diferentes classes da borracha, e está estabelecendo uma linha de crédito pela Corporação de Finanças da Reconstrução, para que o Banco do Brasil possa receber essa carta de crédito quando a borracha for enviada do Brasil, por mar, com embarcações destinadas aos portos dos EUA continental:

Acre lavado	39 centavos
Rio acima lavado	.38 5/8
Ilhas lavados	.38 5/8
Corte de acre classificado (bruto)	.30 5/8
Corte de rio acima classificado (bruto) .30 ¼	
Corte de ilhas classificado (bruto) .28 1/8	
Sernamby Rama lavado	.28 1/8
Sernamby Rama bruto	.20
Sernamby Cameta lavado	.29 5/8
Sernamby Cameta bruto	.15 ½
Cacho lavado	.33 ½
Camacho bruto	.24

> e Rubber Reserve Company irá pagar os seguintes preços, mo-
> eda norte-americana, por libra, F.O.B. Salvador (Bahia) e esses
> portos no oceano brasileiro, já que Reserva e Brasil concordam
> mutuamente mediante as seguintes classificações de borracha.
>
> Ceará (bruto)   .17 centavos
> Mangabeira (bruto)   .17
>
> Avise o Governo Brasileiro e o Banco do Brasil a respeito. Avise
> também a Rubber Reserve Company, caso o Brasil proponha
> oferecer envio ou se a Reserve tenha que fazer. Sugira ao Governo
> Brasileiro seja encorajado para expedir os arranjos de venda para
> que as exportações possam ser iniciadas para os Estados Unidos.
>
> Welles

É interessante observar, no item 2 deste acordo, os dois países concordaram que a borracha comprada pelos Estados Unidos seria "somente em dinheiro no ponto de envio", que dissipa qualquer noção de que os Estados Unidos não pagaram por nenhuma borracha que receberam da Amazônia.

Os acordos deixam claro que o pagamento do dinheiro para os seringueiros pelo trabalho e suas condições de trabalho era responsabilidade do governo brasileiro, não do americano. Os acordos indicam claramente que os Estados Unidos concordavam em financiar toda a operação para o esforço de guerra e, embora os EUA trabalhassem muito próximos ao governo brasileiro, a principal responsabilidade do desembolso de todos os fundos estava nas mãos dos bancos brasileiros e as agências governamentais.

Como parte do acordo original, com data de 3 de março de 1942, o Governo dos EUA expressou a preocupação específica com as condições sanitárias e de saúde na área, onde os seringueiros extrairiam o látex. Esta preocupação valeu cinco milhões de dólares adicionais que estavam incluídos no acordo original, totalizando, US$105.000.000. O Governo dos Estados Unidos concordou que os cinco milhões de dólares seria disponibilizado imediatamente para financiar a infraestrutura da região para habilitar os seringueiros para começarem a trabalhar o mais rápido possível.

A seguir está o acordo entre os Estados Unidos da América e o Brasil, respeitando um programa sanitário e de saúde. Em vigor pela troca de bilhetes assinados em Washington, em 14 de março de 1942.

A Secretaria de Ação do Estado para o Ministério Brasileiro de Finanças[44]

Departamento de Estado de Washington

Sábado, 14 de março de 1942

Caro Sr. Ministro:

Refiro-me à nota que trocamos no dia 3 de março de 1942 sobre o desenvolvimento da borracha no Vale do Amazonas, e especificamente no Ponto 6 da sua nota, com relação a prontidão desse Governo em emprestar seus escritórios pela Divisão de Saúde e Saneamento do Escritório do Coordenador de Relações Interamericanas em questões que se referem às condições de saúde e saneamento no Vale do Amazonas. Também me refiro aos acordos feitos naquele dia com relação a outros projetos econômicos.

O Coordenador das Relações Interamericanas está preparado para enviar ao Brasil, de uma vez, por sua solicitação, para cooperar com os oficiais correspondentes do governo brasileiro e seus serviços de saúde, os especialistas que o seu governo deseja para colaborar no desenvolvimento de um programa de saúde e saneamento específico. O programa será inicialmente projetado para a área da Bacia do Amazonas pelo objetivo especial de auxiliar no estímulo da produção da borracha, mas, pelo desejo do governo brasileiro, poderia ser expandido para outras áreas.

Para esses objetivos, este Governo, pela agência do Coordenador de Assuntos Interamericanos irá oferecer um valor de até US$5.000.000 para ser aumentado ao desenvolvimento desse programa de saúde e saneamento. O gasto desses fundos pode ser aplicado, não só em projetos de saúde saneamento, mas também na ponderação do Governo Brasileiro, para o treinamento de engenharia médica e de saneamento, conforme o Governo Brasileiro possa querer realizado com especialistas brasileiros.

Entende-se que o Governo Brasileiro irá fornecer esses especialistas, materiais, serviços e fundos para os gastos locais, já que pode ser considerado necessário para o eficiente desenvolvimento do programa.

O grupo de especialistas médicos e de saneamento norte-americanos, que o governo brasileiro indica, deve ser enviado pelo escritório do Coordenador de Relações Interamericanas, deve estar sob a direção de um diretor médico desse Escritório, que, em troca, estará sob a supervisão dos oficiais apropriados do governo brasileiro.

(não assinado)

Capítulo 8

A RUBBER RESERVE COMPANY, O RECRUTAMENTO DE SERINGUEIROS E A VIAGEM À AMAZÔNIA

A RESPONSABILIDADE BÁSICA da Rubber Reserve Company era encontrar borracha, onde quer que pudesse estar. Para isso o Governo Norte-Americano teve que trazer a maioria dos cientistas de campo disponíveis para procurar as plantas que tinham látex na fonte, em qualquer lugar do mundo e determinar qual seria melhor. Obviamente, a *Hevea brasiliensis* da Amazônia foi o melhor recurso, que produziu o Pará Fino, que recebeu o nome do estado brasileiro onde as árvores foram encontradas. Mas também havia árvores com látex na Colômbia, Bolívia, no Peru, no Congo, no México, nas Índias Ocidentais Holandesas e na Índia, entre outros.

Sem dúvida, um dos jovens botânicos recrutados mais reconhecidos era Richard Evans Schultes, que estudou em Harvard e foi relutantemente contratado em 20 de novembro de 1942. Ele foi enviado imediatamente para a Amazônia, pela Colômbia, onde o representante da Rubber Reserve na Colômbia, Jules de Wael Mayer, um holandês das Índias Ocidentais, disse que ele deveria investigar três amplas concessões de propriedade de famílias ricas colombianas. Schultes localizou as três concessões de terras florestais depois de muito esforço e começou sua procura por látex. Depois de semanas explorando as concessões, ele descobriu que as árvores não eram grandes nem abundantes o suficiente para garantir a exploração comercial. O que Schultes descobriu foi que a logística sozinha praticamente impossibilitava a exploração do látex nas árvores dessa região.

De acordo com o Wade Davis em seu livro, *One river,* "Preso entre os burocratas em Washington e um pequeno grupo de exploradores era o velho holandês, conhecido sempre como Sr. Mayer. Uma figura distinta, com certa idade, Meyer trabalhou durante anos nas plantações do Oriente Médio. Indicado para Bogotá como técnico de campo sênior, ele tinha a tarefa não só de maximizar a produção de borracha na Colômbia, mas também de isolar seus homens de caprichos e bobagens dos seus superiores em Washington. Para isso, ganhou o afeto dos que trabalhavam com ele".

Embora Mayer quisesse que o programa de desenvolvimento da borracha funcionasse na Colômbia e no Brasil, até o final de 1943, ele tinha sérias dúvidas sobre sua viabilidade. Mayer era intensamente leal a seus homens, mas começou a imaginar se, no final das contas, o programa valia os riscos passados.

Schultes e outros exploradores vieram com relatórios que indicavam que a área do Rio Apaporis poderia produzir 3.000 toneladas de borracha por ano, mas Mayer concluiu que seriam necessários quase 10.000 homens para atingir esta meta; e de onde eles viriam? "E se ele tivesse sucesso, qual seria a importância dessa contribuição? Os números simplesmente não somavam. A Amazônia tinha uma estimativa de 300 milhões de árvores *Hevea,* teoricamente o suficiente para 800.000 toneladas de borracha por ano. Mas essas árvores foram se espalhando por milhões de metros quadrados da floresta, talvez com uma densidade de uma por acre. Mesmo no auge, quando os preços subiram a três dólares por libra e dezenas e milhares de seringueiros se espalharam pela Amazônia, a colheita anual total para toda a América do Sul nunca passou de 50.000 toneladas. A América Industrial sozinha consumia 14 vezes essa quantidade por ano."[45]

Sem dúvida, a borracha natural produzida na Bacia do Amazonas ajudou a conectar a crescente demanda pela borracha natural para o esforço de guerra em um momento crítico, mas em longo prazo, deveria haver outra solução.

Quatro dias depois de Pearl Harbor, o governo norte-americano iniciou um programa de reciclagem para pedaços de borracha de todos os tipos. As pessoas eram encorajadas a procurar na vizinhança pneus velhos e tubos, e mais de 400.000 postos de combustível foram designados como pontos de coleta para esta borracha usada. Apesar de todos esses esforços, o abastecimento de borracha nos países aliados continuou diminuindo. Em 1941, os Estados Unidos importaram mais de um milhão de toneladas de borracha natural, mas, até 1943, somente 55.329 toneladas tinham sido importadas.

Embora os pedaços de borracha também começassem a ter um papel importante para atender à crescente demanda, logo foi determinado que esses pedaços também tinham que ter uma proporção de uma parte de borracha natural para dez partes da mistura dos pedaços para aumentar sua capacidade.

O desenvolvimento da borracha sintética nos Estados Unidos ainda estava dando os primeiros passos. A primeira borracha sintética foi desenvolvida por Dupont em 1932, mas ainda era muito inferior à borracha natural para produtos essenciais, como pneus e tubos. Naquela época, também era consideravelmente mais cara que a natural. Foi quando ficou aparente, no final de 1943, que a menos que a borracha sintética fosse disponibilizada em quantidades enormes, o esforço de guerra poderia falhar. Nesse ponto, os Estados Unidos perceberam que estavam contra a parede e, a um custo de quase US$ 673 milhões de dólares, estimularam uma das mais incríveis façanhas científicas e de engenharia de todos os tempos. Somente o Projeto Manhattan e o desenvolvimento da bomba atômica podem ter sido mais significativos.

Não levou muito tempo para o uso da borracha sintética se tornar um elemento essencial, não só no esforço de guerra, mas também na área doméstica e no período pós-guerra.

Apesar de sua utilidade, para ser confiável, a borracha sintética precisava de uma mistura de borracha natural. Como os homens que fizeram os pneus diziam: "a borracha sintética é um excelente material. Irá se misturar em qualquer proporção e, quanto mais borracha natural você colocar, melhor será". Como a borracha sintética e os pedaços ainda não tinham solucionado totalmente o problema, a borracha do Brasil continuava sendo uma prioridade significativa. Ainda hoje, os pneus de avião são 100% de borracha natural, como também a parte externa dos pneus automotivos, já que o pneu sintético não tem a elasticidade ou a força da natural.

Com os acordos formais em vigor, financeiramente organizados, um plano para melhoria das condições sanitárias e de saúde e a Rubber Reserve Company pronta para comprar toda a borracha brasileira disponível para o esforço de guerra, o governo brasileiro estava pronto para começar a recrutar os seringueiros que poderiam extrair o precioso látex. Até esse momento, que data da virada do século, a "elite da borracha" da Amazônia (proprietários de plantações) controlavam a economia da região com punho de ferro. Em parceria com os proprietários de plantações regionais com os comerciantes estrangeiros e os investidores de fora, o Brasil era a capital mundial da borracha. Em 1900, a maior parte de toda a borracha do mundo vinha do Brasil, mas, em 1922, somente 6% da borracha mundial vinham da Amazônia.

FIGURA 25 – Getúlio Vargas.
Fonte: National Archives Building, Washington, DC (NAB).

Quando surgiu a Segunda Guerra Mundial, foi a resposta para o dilema do presidente brasileiro, Getúlio Vargas. Durante anos, ele tinha tentado encontrar uma maneira de integrar a Amazônia com o resto do Brasil e os acordos com os aliados, reviver a indústria da borracha foi a última resposta.

Vargas tinha combatido um problema de seca crônico no nordeste do Brasil e a ideia de recrutar milhares de nordestinos para trabalhar na Amazônia como os "Soldados da Borracha", com a responsabilidade de extrair milhares de toneladas de látex para o esforço de guerra, permitiu que Vargas satisfizesse dois dos seus objetivos desejados. Ele não só poderia lucrar com o financiamento da nova iniciativa da borracha na Amazônia, como também solucionaria os problemas do nordeste.

Embora a maioria dos "soldados da borracha" tenha vindo do Ceará, muitos também vieram do Rio Grande do Norte e da Paraíba. Como a saúde era uma preocupação importante para os Estados Unidos, os recrutas eram cuidadosamente examinados e quase 10% foram rejeitados por problemas de saúde. Muitos deles sofriam de varíola, febre amarela, febre tifoide e tétano. Embora a retórica de Vargas parecia convincente sobre a responsabilidade e obrigação para servir a nação no esforço de guerra, na verdade a maioria deles se alistou para sair da pobreza e da falta de oportunidade no nordeste do Brasil.

Quando os Estados Unidos souberam do plano de Vargas de enviar milhares de nordestinos à Amazônia, também ficaram atentos sobre a necessidade de avaliar a capacidade desses homens em extrair a borracha. Antes de Vargas convocar o "Exército da Borracha", "um relatório da Embaixada dos Estados Unidos no Rio de Janeiro escrito em outubro de 1940 revela que a imagem dos seringueiros migrantes como flagelados não tinha mudado desde o auge do boom da borracha na Amazônia (na virada do século)". O embaixador Conselheiro William Burdett viajou à Amazônia para investigar o potencial para aumentar a produção da borracha. Avaliando a situação de trabalho, ele pintou uma imagem deplorável dos trabalhadores migrantes:[46] "Durante um período de cem anos ou mais, o sertanejo do semiárido do nordeste do Brasil... procurava a Amazônia durante as secas periódicas que matam o gado, secam os poços e assolam seus campos. Ele não abandonou o sertão até que passou fome, sede e pobreza... Seu corpo foi atacado pela sífilis, lepra, tuberculose e outras doenças. Sua resistência às novas doenças que encontrou na Amazônia é quase nula... O Governo ocasionalmente envia fracos contingentes de trabalhadores do Ceará. Um grupo de 170 chegou em Manaus... Eles estavam decrépitos, subnutridos, infectados. Algumas das pessoas da borracha os viram e disseram que a maioria deles, provavelmente, morre na selva. Obviamente, eles eram selecionados como sendo mão de obra indesejada em suas casas."

"Neste relatório, a embaixada informou a Washington sobre os três espetáculos para aumentar a produção da borracha que, mais tarde, impediriam o esforço de guerra: a saúde fraca e a aptidão física dos migrantes indigentes do Nordeste; sua vulnerabilidade às novas doenças na Amazônia; e a tendência do governo em selecionar os trabalhadores inadequados e indesejados para serem transferidos para a Amazônia".

Como resultado deste relatório, em suas discussões com o Governo Brasileiro, os representantes dos Estados Unidos deixaram claro que os acordos teriam que incluir fundos para melhorar os serviços sanitários, médicos e de saúde. O Governo Vargas aceitou imediatamente e o acordo, com data de 3 de março de 1942, incluía um adiantamento de US$ 5 milhões especificamente designados para melhoria da infraestrutura sanitária e de saúde nas plantações de seringueiras.

"No mesmo momento, os proprietários dessas plantações no Amazonas garantiram ao Cônsul dos Estados Unidos em Belém que, com uma mão de obra adequada e um mercado garantido para essa borracha, poderiam aumentar a produção várias vezes nos anos 1940."[47] Isso parecia satisfazer os oficiais norte-americanos no Rio de Janeiro.

O presidente Vargas foi determinante para fazer sua nova aliança com o trabalho dos Estados Unidos, e ele não perdeu a oportunidade. Alistou a ajuda da Igreja Católica no Nordeste e os padres atribuídos aos contingentes dos soldados da borracha para oferecer assistência espiritual e cuidar das famílias dos soldados. Depois, ele precisou que os padres mantivessem os soldados da borracha alinhados com a orientação religiosa, orientação moral e patriotismo. Ele indicou o Padre Helder Câmara, nativo do Ceará e com um carisma bem conhecido na região, como Diretor de Assistência Religiosa.

Nos últimos anos, ele se mudou para São Paulo e se tornou um ativista protestando contra o regime militar, que derrubou o governo de João Goulart em 1964. Na verdade, ele publicou um jornal ultraesquerdista chamado *Brasil urgente*. Naquela época, eu estava em São Paulo trabalhando para a UPI como correspondente e cobri o golpe militar de 1964, inclusive as atividades de Helder Câmara. Posteriormente, ele voltou ao nordeste e, na cidade de Recife, organizou as "Ligas Camponesas" para protestar contra a ditadura militar e os abusos de direitos humanos.

Conforme os soldados da borracha recrutados progrediam, o governo brasileiro descobriu que havia muitas dificuldades que não tinham previsto. O número de recrutas convocados para a viagem à Amazônia começou a sobrecarregar a agência brasileira, SEMTA, que foi estabelecida para receber os recrutas e transportá-los para as plantações. "Em um incidente, um grupo de 400 soldados da borracha despachados em trem do Piauí para São Luiz do Maranhão tinham a promessa de receber uma refeição em uma parada na cidade de Caxias. Chegando famintos da viagem de um dia inteiro sem comer, eles foram recebidos pelo prefeito, que os informou que não havia comida disponível. Os soldados da borracha se revoltaram e invadiram o mercado local, pegando alimentos e destruindo as barracas."[48]

Outro benefício do programa da borracha na Segunda Guerra Mundial para Vargas foi a oportunidade de romper com o apoio do antigo sistema comercial aviador controlado pelos proprietários de plantações de seringueiras. Porém, "os esforços dos dois governos para romper com essa opressão da elite amazonense sobre o sistema de comércio da borracha e melhorar as condições das propriedades encontraram resistência, como era de se esperar. O tradicional sistema comercial aviador estava baseado em uma cadeia de relações patrão-cliente pela qual grandes empresas amazonenses de importação-exportação anteciparam abastecimentos em crédito para os comerciantes e negociadores do rio que, em troca, remarcaram e entregaram às vastas plantações de seringueira em crédito, em troca pela sua futura produção de borracha. Os proprietários e gerentes das plantações, em troca, adiantavam a mercadoria para os seringueiros, debitando em suas coisas alimentos e provisões básicas superfaturados e creditavam de sua produção de borracha, que entregavam aos mesmos comerciantes do barco. Esses comerciantes entregavam a borracha às empresas 'aviador', que encaminhavam o material bruto às empresas internacionais de exportação. As plantações e os comerciantes lucravam ao superfaturar os seringueiros com alimentos e provisões e subfaturando sua produção, deixando a maioria deles em dívida perpétua. Infelizmente, a baixa produtividade de borracha estava relacionada às péssimas condições em muitas plantações, onde o triplo flagelo de desnutrição, doença e pobreza crônica atormentava os trabalhadores e, para complicar mais a situação, o sistema aviador ainda piorou tudo".

"Depois de um excelente estudo, os governos norte-americano e o de Getúlio Vargas decidiram que uma maneira de finalizar com o sistema aviador era que a RDC e a agência brasileira SAVA fornecessem os envios de alimentos e suprimentos diretos para os postos de comercialização das plantações. Fazendo isso, eles eliminariam os intermediários, ou aviadores, que lucravam com os preços altos e mantinham os seringueiros em uma obrigação financeira. O governo de Vargas concordou com esse novo conceito, mas rapidamente ficou evidente que o vasto gasto das plantações em toda a Amazônia quase impossibilitou os dois governantes de policiarem, ou até mesmo rastrearem, as atividades de centenas de comerciantes que operavam, não só nos grandes rios, mas também nos afluentes, onde milhares de seringueiros trabalhavam e viviam. Embora a ideia de controlar o sistema aviador não tenha sido um sucesso... A aliança de guerra com o Brasil deu ao governo norte-americano uma oportunidade sem precedentes para vender especialistas técnicos para pesquisar a Amazônia e juntar informações sobre a sociedade e os recursos naturais, apesar da cautela por parte dos nacionalistas brasileiros sobre as intenções no pós-guerra dos interesses comerciais norte-americanos."[49]

A Amazônia em si é uma das áreas mais incomuns do mundo e, para os Estados Unidos, era a primeira experiência para muitos técnicos e engenheiros americanos. Depois da guerra, houve muita crítica sobre como os EUA estavam despreparados para o que estavam tentando fazer na Amazônia. O equipamento usado não era capaz de retirar a alta umidade e o calor tropical abrasador. Eles estavam completamente despreparados para as doenças encontradas e a comida que trouxeram não era apropriada. Em resumo, foi determinado que os EUA deveriam ter consultado muito mais suas contrapartes brasileiras e os habitantes locais da região amazônica para evitar muitas das complicações encontradas.

Walter Walmsley, conselheiro econômico da Embaixada Norte-Americana no Rio, em 18 de outubro de 1943, produziu um relatório contundente sobre o negócio da borracha na Amazônia: "Não existe pintura mais escura em nenhum lugar daquilo que, em países mais progressivos, chamamos de corrupção. Mesmo a sociedade estabelecida, com seus tentáculos antigos alcançando todos os milhares de afluentes, foi totalmente ignorada no nosso programa inicial da borracha. O comércio no rio é a corrente sanguínea desta organização social feudal. Tentamos cortar essas artérias, esperando que o corpo não só sobrevivesse, mas também fosse útil para nós... Entramos na propriedade de alguém e ignoramos o dono. Tomamos decisões, não só em Belém e Manaus, o que já é ruim, mas também no Rio de Janeiro e em Washington, o que é pior, sobre os problemas com os quais não temos a mínima familiaridade... A Amazônia é uma hierarquia de intermediários alimentando o corpo do seringueiro... Dinheiro significa pouco para o seringueiro enterrado no seu barracão empesteado... O que ele precisa é de alimento e remédio para mantê-lo vivo e álcool para ficar longe do desespero. Qual é a diferença para ele se sai do vermelho e não pode comer? Se um seringueiro for creditado com um preço mais alto pela sua borracha, ele é debitado com um preço mais alto para seus produtos. Nem o Banco da Borracha, nem a RDC, nem nenhuma outra entidade sem a organização do Rio das empresas comerciais tem alguma coisa para oferecer ao seringueiro em troca pela produção agregada da borracha".[50] Walmsley concluiu que era um erro ignorar a prática comercial existente na sociedade amazonense, "com seus tentáculos seculares cobrindo todos os milhares de afluentes".[51]

O presidente Vargas não poupou esforços ao recrutar dezenas de milhares de nordestinos para viajar de suas casas para as selvas na Amazônia para participar do que ele chamou de um esforço patriota para ganhar a guerra. Em sua campanha agressiva, Vargas os fez sentir que eram iguais aos soldados brasileiros que estavam servindo no exército junto com os americanos e os marinheiros ancorados pela costa do Nordeste e os 25.000 soldados brasileiros que estavam lutando na força expedicionária sob comando do General Dwight D. Eisenhower na Europa. Ironicamente, menos de 500 militares brasileiros perderam suas vidas durante a guerra na Europa, enquanto quase 30.000 dos 55.000 soldados da borracha que trabalharam na Floresta Amazônica extraindo borracha perderam suas vidas.

Os recrutas eram chamados de arigós (homens rudes). Em uma ampla matéria feita pela jornalista Ariadne Araújo, publicada em 21 de junho de 1998 no jornal O *Povo*, em Fortaleza, Ceará, Ariadne descreveu o processo de recrutamento, no qual o Governo Vargas fez promessas deslumbrantes para os recrutas. Ela contou como eles prometiam uma vida muito melhor nas exuberantes selvas da Amazônia, dinheiro que os tornaria ricos e transporte de ida e volta dos campos de seringueiras. Vargas também prometeu que o sistema antigo de peonagem literal de que tinham ouvido falar de seus pais e avôs não seria permitido nessa nova ordem. Falaram para os cearenses que eles iriam ajudar a ganhar a guerra, o que fez a diferença do que aconteceu trinta anos atrás, antes da quebra da borracha em 1913.

Durante o boom inicial da borracha na virada do século, milhares de cearenses e brasileiros de outras partes do país foram para a Amazônia para encontrar trabalho nos campos, com a promessa de riqueza e oportunidade. Quando a produção mundial de borracha se transferiu para as colônias britânicas do sudeste Asiático, em 1913, a bolha da borracha no Brasil estourou. Muitas das plantações e empresas associadas foram à falência e o Governo Brasileiro não tinha nenhuma solução para o problema. A então esplêndida capital de Manaus, na Amazônia, estava em ruínas e os trabalhadores dos campos de seringueira receberam um bilhete de volta para suas áreas de origem no Nordeste com pouco ou nada para mostrar por seus anos de trabalho na selva. Com as inflamadas promessas de Vargas aos filhos e netos daqueles seringueiros originais, esperava-se que, desta vez, seria diferente.

Entre os incentivos oferecidos pelo presidente Vargas estava uma calça jeans, uma camisa de algodão cru, um chapéu de palha, um par de botas, uma caneca, um prato fundo, um garfo, uma rede e um pacote de cigarros. Isso tudo e mais uma mala de aniagem para carregar seus pertences. Esse era o uniforme do soldado da borracha. Outros incentivos incluíam a promessa de dinheiro fácil, assistência médica e transporte de e para as plantações da borracha. Essas promessas apareceram em todo o Nordes-

FIGURA 26 – Seringueiro.
Fonte: National Archives Building, Washington, DC (NAB).

FIGURA 27 – Propaganda.
Fonte: Araújo, Ariadne, O Povo, Fortaleza, Ceará, Brasil, domingo, 21 de junho de 1998.

te em pôsteres de propaganda impressos e publicados pelo Governo Federal. Para um fazendeiro nordestino desempregado que sofria com uma das piores secas da história do Ceará, a oferta de Vargas era irresistível. Consequentemente, uma estimativa de 55.000 homens, alguns com famílias, foram convocados para o exército da borracha.

No artigo de Ariadne, ela entrevista um velho seringueiro, Joaquim Moreira de Souza, de Russas, no oeste do Ceará, que explicou que a seca, o medo de ser enviado para a Europa para lutar na força expedicionária e as promessas de Vargas o fizeram decidir se unir ao exército da borracha. Vargas ofereceu outros incentivos em sua campanha pela borracha: o maior produtor durante o ano ganharia 35 mil cruzeiros (moeda da época), incluindo uma viagem grátis de 5.000 km, de caminhão, trem ou barco, para El Dorado.

Embora o foco da campanha de recrutamento tenha sido Fortaleza, capital do Ceará, o governo federal abriu postos em todo o interior do estado, que atraiu milhares de desempregados. Era necessário apenas que o soldado da borracha fizesse um exame físico rápido e uma assinatura em um papel. A maioria desses homens foi contratada por um salário de 50 centavos de dólar por dia e alojamentos durante o período em que estivesse empregado como seringueiro.

Com literalmente milhares de homens se unindo aos soldados da borracha em um curto período, houve um sério problema de disciplina. Como resultado, o governo federal foi forçado a iniciar um programa militar como disciplina para manter os homens na linha.

"Nas margens do Rio Amazonas, não há ninguém que não conheça a história dos soldados da borracha. Estudantes, pescadores, comerciantes e donas de casa: todas essas pessoas têm um amigo ou parente que esteve no exército dos arigós. Todos eles se lembram do momento em que, para eles, ainda não teve um final tranquilo... Em uma ordem unida, recebiam instruções dos chefes. Em pelotões, marchavam pelas ruas e praças da cidade... Despediram-se do Ceará, em um estado de euforia, na plataforma do caminhão. Agora, 50 anos mais tarde, essas imagens ainda encontram os soldados da borracha como uma memória viva, de uma aposentadoria prematura e uma contínua luta por status e o reconhecimento como heróis da pátria e para a dignidade dos seus cidadãos."[52]

FIGURA 28 – "Partindo para a Amazônia – acenando do caminhão".
Fonte: Aba-Film dos arquivos do Museu de Arte da Universidade Federal do Ceará.

97

FIGURA 29 – Arigós no trem.
Fonte: National Archives Building, Washington, DC (NAB).

Na traseira dos caminhões, nos vagões de carga, na terceira classe do navio dirigindo-se à Amazônia. A viagem dos arigós era muito dura. Por exemplo, de Fortaleza até as plantações de seringueiras poderia levar até três meses. A única coisa pior que o desconforto era o medo de afundar no meio do oceano. Afinal, em tempos de guerra, as notícias de ataques de submarinos alemães eram bem comuns. Nos esforços preventivos, os soldados da borracha receberam instruções e um colete salva-vidas. Em caso de naufrágio, em seus bolsos, havia uma pequena porção de bolachas e água. No caso de serem capturados pelo inimigo, uma pílula de cianureto. Eles tinham que escolher entre o suicídio e a prisão pelo inimigo.

Durante a viagem, para os soldados da borracha, a única lei era a lei da escuridão. Era estritamente proibido fumar ou até mesmo acender um fósforo. Os navios que

estavam cheios de homens eram acompanhados por dois caça-minas e um avião
carregado com torpedos. Essa era uma
estratégia de segurança para evitar um
ataque alemão. Mesmo uma pequena luz
no mar poderia causar um ruído a bordo.
Os marinheiros com binóculos no convés
estavam observando cuidadosamente por
qualquer luz a bordo ou um sinal de um
possível navio ou submarino inimigo. Havia
muito medo entre os passageiros que não
sabiam nadar. Além do medo, também havia um tratamento precário. Os migrantes
recebiam pequenas quantidades de uma
comida horrível. Em muitos casos, famílias
inteiras se perguntavam se havia ainda mais
perigos e dificuldades por vir.

O Delaware podia transportar até 2.000
passageiros e 200 toneladas de carga; um dos
navios mais rápidos na Amazônia. Operado
entre Belém e Manaus. A viagem levava
seis dias.

FIGURA 30 – Delaware.
*Fonte: National Archives
Building, Washington,
DC (NAB).*

FIGURA 31 – Barco no rio.
*Fonte: National Archives
Building, Washington,
DC (NAB).*

O maior navio de carga e transporte de passageiros era o brasileiro Lloyd. Também havia navios de transporte menores que levavam os nordestinos. E, a partir dos arquivos do Senado Americano, havia fotos de navios de guerra convertidos usados no exercício.

As embarcações menores, feitas na Inglaterra, nos EUA e na Holanda, levavam os soldados e a mercadoria às plantações de borracha rio acima.

Os maiores barcos com melhores acomodações – com dois andares – eram chamados de Vaticanos. Os barcos com um fundo plano eram chamados de Chatas. Além desses navios, os arigós também viajavam de lancha, como a Higgins, fabricada no Brasil e financiada pelo governo americano.

Os navios US Vintage também transportavam soldados da borracha por mais de 2.700 km rio acima no Rio Amazonas e traziam preciosas bolas de borracha no retorno rio abaixo para serem transportadas aos Estados Unidos.

FIGURA 32 – Barcos na doca.

Fonte: National Archives Building, Washington, DC (NAB).

FIGURA 33 – Navio de guerra no mar.

Fonte: National Archives Building, Washington, DC (NAB).

FIGURA 34 – João Rodrigues Amaro.

Fonte: Araújo, Ariadne, O Povo, Fortaleza, Ceará, Brasil, domingo, 21 de junho de 1998.

"O alfaiate João Rodrigues Amaro, agora com 72 anos, deixou sua namorada em Sobral, norte do Ceará, onde tinha uma alfaiataria e costurava um terno para ganhar 60 cruzeiros (moeda da época). A viagem a 'El Dorado' era certa para torná-lo rico. As tropas que partiram com ele subiram no caminhão, cantando música de despedida."

"Do Maranhão ao Pará, a vigem de barco deixou muita gente com náuseas. No navio Pedro I, onde João Amaro embarcou, havia mais de 1.200 nordestinos. Muitos soldados levaram suas famílias para a Amazônia. Mas o alfaiate foi sozinho, pensando sobre seu ouro branco e na sua namorada que acabou se casando na sua ausência. Em Belém, muitas das tropas esperavam 22 dias por um barco a vapor que iria levá-los rio acima até as plantações de seringueira. Uma longa espera era sinal de problemas com os alojamentos disponíveis."

"Por exemplo, na chegada ao Maranhão, a comida era tão ruim que causou uma revolta. Zé Doutor, amigo de João Amaro, foi morto por um guarda porque estava reclamando do almoço. Aproximadamente 2.000 homens se rebelaram e marcharam de Maracanã até São Luís, no Maranhão. Quase uma hora na estrada e o exército precisou de armas para acalmar as pessoas. O plano era colocar rapidamente o grupo inteiro em um navio para Belém. Mas isso nem sempre era possível. O que geralmente acontecia era que eles passariam dias longos e desanimadores em terras portuárias em cidades onde tinham que esperar para serem transferidos de um barco para outro."[53]

"As sedes de alguns projetos de alojamento eram muito diferentes daqueles feitos em Fortaleza. As barracas eram construídas sem as divisórias separando as áreas de dormir, que eram compartilhadas por homens, mulheres e crianças. João Amaro ficou em uma região onde o banheiro comunitário era só um buraco, dois metros de profundidade e 20 metros de comprimento. Para usar a fossa improvisada, a pessoa tinha que se balançar em duas tábuas esticadas sobre o buraco. O soldado da borracha nos contou que, devido à posição desconfortável e aos riscos necessários para a operação, de vez em quando, alguém caía no buraco. Nessas não raras ocasiões, era preciso usar uma corda para puxar a pessoa.

FIGURA 35 – Trabalhadores esperando o navio.
Fonte: National Archives Building, Washington, DC (NAB).

FIGURA 36 – Seringueiros nacionais esperando transporte para as novas plantações em Belém, em 27 de julho de 1943.
Fonte: National Archives Building, Washington, DC (NAB).

"Desordem. Lutas. Confusão. O exército da borracha chegou à metade da viagem já acabados? Os projetos de alojamento eram contornados e protegidos pelo exército e quando os soldados da borracha podiam andar livremente pelas cidades, sempre tinham dificuldades com os moradores locais. De acordo com João Amaro, os soldados da borracha do Rio de Janeiro eram em número bem menor, mas causavam mais problemas. Nas ruas, queriam beijar as garotas à força e, assim, começavam a brigar. Os jornais reclamavam: 'eles não são da melhor qualidade, mas sim lama, porcaria, eles roubam, matam, saqueiam e ferem'. Essa era a reputação do exército da borracha que Getúlio Vargas tinha buscado nas florestas da Caatinga no Nordeste."[54]

De um lado, o Serviço de Navegação da Amazônia e de Administração do Porto do Pará (SNAPP) tinha a responsabilidade de transportar soldados voluntários. O ministro da Mobilização Econômica para a Força de Guerra, o tenente-coronel João Alberto Lins de Barros fez as contas: o recrutamento e o transporte dos homens até a Amazônia custavam aproximadamente US$ 100 por cabeça. Além desses cálculos, ele teve um plano. Para transportar as tropas, sob estrita disciplina militar, em uma marcha até os pontos estratégicos, passando por Tocantins até a Amazônia.

O plano era construir 40 pontos de checagem para a sala e a bordo e também inspeções e assistência médica. O ministro reclamou que cruzou a área inteira de 965 km a pé. O diretor da Rubber Reserve Company (RRC), D. Allen, chamou a proposta de um blefe de mau gosto. Os críticos diziam que a rota para Tocantins era impressionante.

FIGURA 37 – Pres. Douglas H. Adams e Gov. Joachim Magalhaes Barata.
Fonte: National Archives Building, Washington, DC (NAB).

O plano era que as famílias dos voluntários também tivessem apoio de alimentos, escola e assistência médica. Mas isso não aconteceu. A única questão de interesse era o transporte imediato dos homens até a Amazônia. Um bilhete só de ida, onde nada do que foi prometido contava mais.

"Em seu caminho de volta, depois de pagar sua dívida ao chefe da plantação, além da sua namorada, João Amaro descobriu que sua mãe também havia se casado. Dois anos nas plantações de seringueira da Amazônia fez de João Amaro um esqueleto que

FIGURA 38 –
Armédio Dene.

Fonte: Araújo, Ariadne,
O Povo, Fortaleza,
Ceará, Brasil, domingo,
21 de junho de 1998.

sofria de malária, febre amarela e outras doenças da selva. Sua mãe não reconheceu o próprio filho. 'Deixei de caçar dinheiro e voltei pobre e doente'."[55]

Quando os recrutas nordestinos chegaram às plantações de seringueira, eles eram vistos com suspeita e desconfiança. Em primeiro lugar, eles não sabiam nada sobre a selva e a técnica de extração da borracha. Um dos chefes da plantação, Armédio, concede a Ariadne: "Eles são todos ladrões e assassinos. São todos do mesmo calibre que Lampião. A única maneira de lidar com um homem resistente é com um rifle".

Um dos principais problemas era que os nordestinos eram fazendeiros e foram forçados a trocar a enxada pelo facão para extrair a borracha. O clima no nordeste do Brasil era diametricamente oposto ao clima na Bacia do Amazonas, e os nordestinos tinham pouca, ou nenhuma, imunidade a febres e doenças tropicais. Malária, febre amarela, disenteria e beribéri foram mudanças cruéis para os soldados da borracha nordestinos. Milhares deles ficaram doentes e morreram em poucos anos de trabalho na Floresta Amazônica. De acordo com estudos do período, os soldados que sobreviveram foram aqueles que se casaram e viveram com mulheres locais da Amazônia, que eram familiarizadas com os modos das pessoas da região e com os desafios da selva.

"Era considerado uma prisão de devedores. Os soldados já chegavam em dívida. Um chefe ou um seringueiro poderiam registrar sua dívida e trabalhariam para quitá-la. Era como desemaranhar uma bola de lã sem fim. Sempre havia mais dívidas para pagar: comidas, roupas, armas, suprimentos de trabalho, remédios. Tudo era vendido ao dobro do preço. E a dívida parecia que nunca diminuía, assim os números eram sem fim. Algemas invisíveis para um exército enganado. Os nordestinos descobriram exatamente como era o Inferno Verde."[56]

FIGURA 39 – Instrumento de extração de borracha.
Fonte: National Archives Building, Washington, DC (NAB).

Capítulo 9

A VIDA DIÁRIA DOS SOLDADOS
DA BORRACHA

NA CRÔNICA DE ARIADNE ARAÚJO, ela explicou por várias entrevistas com os soldados da borracha ainda vivos na região do Ceará as experiências diárias dos soldados. Eles saíram do Ceará pensando que sua experiência seria muito diferente da de seus pais e avôs na virada do século, quando das "300.902

FIGURA 40 – "Exercícios em Pouso do Prado".
Fonte: foto Aba-Film dos arquivos do Museu e Artes da Universidade Federal do Ceará.

pessoas que emigraram do Ceará durante o período de 1869 até o final do século, 225.526 foram destinados para a Amazônia".[57] Quando o "boom da borracha" acabou, em 1913, a maioria dos sobreviventes deste evento voltou para o Ceará com pouco ou nada para mostrar pelo seu sacrifício.

Na corrida para oferecer as necessidades básicas para os soldados da borracha começarem a produzir borracha, um dos primeiros grandes obstáculos foi a língua. Poucos supervisores aliados sabiam falar português e poucos das contrapartes brasileiras falavam ou entendiam inglês. Como resultado, houve o "Caso das Mulas Perdidas. Em 1942, pelo menos 1.581 mulas foram perdidas entre São Paulo e Acre. A última vez que se ouviu falar desses animais foi depois de quatro meses, quando não tinham chegado a Cuiabá. Outro exemplo foi quando 5.000 toneladas de farinha foram importadas por causa de um erro de tradução entre português e inglês. Neste caso, tudo o que os soldados da borracha queriam era um pouco de farinha de mandioca velha. O alfaiate João Rodrigues Amaro, agora (na época da entrevista em 1998) com 72 anos, mas na época, tinha 17, não achou que esses erros deixaram a campanha da borracha engraçada".[58]

Os elementos eram um desafio constante todos os dias. Havia chuva incessante, lama e nuvens de insetos inoportunos. Milhares de moscas ficavam em volta dos soldados da borracha, onde quer que fossem. Houve um surto de meningite em Belém, quando os soldados esperavam pelo transporte rio acima até as plantações de borracha e houve um relato de, pelo menos, 12 mortes na ocasião.

Mesmo se os acordos originais entre os Estados Unidos e o Brasil oferecessem um adiantamento de cinco milhões de dólares para melhorar as condições sanitárias para os homens, a assistência médica era esparsa e imprópria. Um mês sem mortes era motivo de celebração. Os exames médicos de rotina, ora prometidos, eram raros e limitados àqueles com doenças agudas e com suspeita de doenças sexualmente transmissíveis.

Por causa do grande número de recrutas, às vezes, mil por dia, o transporte e o alojamento se tornaram um problema, às vezes, centenas de soldados ficavam abandonados nos portos perto do rio esperando para serem levados às plantações. Por causa das circunstâncias miseráveis, os homens ficavam incontroláveis e difíceis de administrar. No final das contas, o exército brasileiro teve que dar um passo e construir compostos rodeados por arame farpado para manter a ordem.

Os homens apresentaram problemas sérios às comunidades locais junto ao rio, quando puderam sair dos seus compostos. Eles criaram problemas para os residentes locais. Havia muita bebida e briga entre eles e os locais, o que deixava a vida mais difícil para todos. Para o Departamento Nacional de Imigração, esses conflitos pareciam como rebeliões em prisão.

Os acordos com a American Rubber Reserve Company deixaram a responsabilidade de recrutar e transportar os soldados da borracha a suas plantações atribuídas totalmente nas mãos do governo brasileiro. Desde o início, os Estados Unidos estavam preocupados

FIGURA 41 – "Mais pneus para a vitória", Chabloz.

Fonte: arquivos do Museu de Artes da Universidade Federal do Ceará.

com o bem-estar físico de seus soldados da borracha. Os relatórios dos inspetores de campo americanos sobre condições de saúde dos soldados perturbaram o governo de Franklin Roosevelt e ele forçou o governo brasileiro a melhorar as condições. Na verdade, o governo de Vargas rivalizou com o Governo de FDR e estabeleceu várias agências para lidar com esses problemas. Uma das agências que cuidou dos projetos de recrutamento e alojamento era a SEMTA (Serviço de Mobilização de Trabalhadores para a Amazônia). Para complicar sua tarefa quase impossível, muitos dos migrantes vieram com famílias e tinham filhos que nasceram durante a viagem. Com o envolvimento dos EUA, a tortura física e os abusos diminuíram na década de 1940.

O governo de Vargas se esforçava para retratar a responsabilidade dos soldados da borracha de modo semelhante à de um Exército Brasileiro regular, e todas as propagandas do governo eram focadas nesse objetivo. "O campo de trabalho se tornou campo de batalha. Certos termos militares, como alistamento, recrutamento, soldado, batalha e guerra, estavam sempre presentes. Em transmissão nacional, o Programa da Borracha garantiu o envolvimento político dos ouvintes. Nas ruas, as vantagens do SEMTA estavam em panfletos. A propaganda dizia que os migrantes tinham direito a 60% da borracha produzida, 50% das nozes colhidas, 50% da madeira cortada, o direito de caçar, pescar e manter a pele dos animais caçados e mesmo um hectare (2,5 acres) de terra para plantar."[59]

Embora o governo Vargas tenha prometido aos seringueiros 60% da borracha produzida, a verdade é que eles eram obrigados a vender toda a sua borracha às propriedades e também comprar todos os seus produtos dos aviadores, quase negando esta vantagem. Os preços que eles tinham que pagar pelas necessidades eram elevados para manter os soldados endividados. Outro problema, que dificultava seguir as leis trabalhistas de Vargas, era o tamanho da região e a incapacidade das agências em rastrear os seringueiros. Muitos deles se mudavam de uma plantação a outra, e alguns fugiam para a cidade para melhorar a qualidade de vida. Eles não queriam só conforto, mas também educação básica para seus filhos. No sul do Brasil, os nordestinos historicamente eram menosprezados, com apelidos depreciativos, como "caboclos", "cabeça chata", etc. O caboclo é uma mistura de um nordestino e um índio amazonense, e a palavra caboclo era usada, de forma destacada, para o nordeste e também a Amazônia.

A campanha de recrutamento dos soldados da borracha era um programa nacional, mas, devido à seca no Nordeste e ao grande número de desempregados, a maioria dos recrutas veio do estado do Ceará. Com isso em mente, a máquina de propaganda do governo Vargas convenceu milhares de recrutas de que a vida em uma floresta exuberante, com bom pagamento, boa comida e boas condições de saúde seria melhor do que na seca que acabava com a região nordeste. Era fácil de vender.

O Governo Vargas até convenceu os membros da igreja na região a participar da campanha, e os padres eram atribuídos para auxiliar as famílias pelo SEMTA para dar conselho e assistência religiosa para os homens e suas famílias. O SEMTA era para solteiros e a CAETA facilitava que algumas famílias viajassem para a plantação indicada.

"Os seringueiros que estavam acompanhados da família tinham mais chances de sobreviver nas plantações que aqueles que viviam sozinhos, pois suas esposas e os filhos mais velhos podiam ajudar a sustentar a família ao plantar mandioca e outras colheitas, colher frutas e ajudar a defumar o látex em bolas grandes e coaguladas. No

FIGURA 42 – "Um líder seringueiro com sua identificação SEMTA no braço".

Fonte: Aba-Film dos arquivos do Museu de Arte da Universidade Federal do Ceará.

final de 1943, a CAETA reverteu a política do SEMTA sobre as famílias e enviou 16.235 novos soldados e 8.065 dependentes à Amazônia.[60] A decisão da CAETA refletiu nas metas em longo prazo do governo de colonizar a Amazônia com famílias de pobreza marginal rural do Nordeste. Em contraste, a política do SEMTA de enviar soldados da borracha desacompanhados era designada como uma medida temporária para atender a emergência de guerra."[61]

A filosofia do SEMTA de que o negócio da borracha na Amazônia era principalmente para homens mudou gradualmente, quando foi determinado que as mulheres poderiam ter um papel importante em coletar e produzir a borracha. Como esposas de seringueiros, elas estabilizaram a família, mas também estavam envolvidas na produção da borracha. Muitas mulheres poderiam extrair a borracha à noite, mas

FIGURA 43 – Mulheres trabalhando com borracha.
Fonte: National Archives Building, Washington, DC (NAB).

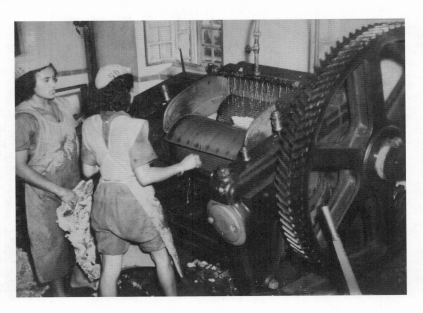

estavam sempre em eminente perigo. O fato de que a Amazônia era basicamente um mundo masculino, e as mulheres estavam em minoria, sujeitou-as a todos os tipos de abusos – estupros, assédio e vítimas de brigas. Elas também tinham que lidar com os rigores da floresta, animais selvagens, elementos brutais e doenças. Não só as mulheres tinham uma importante função na produção da borracha, mas também tinham habilidade para trabalhar com as máquinas que secavam e processavam o látex.

Outra agência, criada pelo Governo Vargas, era um serviço de saúde pública especial, SESP, postos de saúde estabelecidos nas principais hidrovias do Rio Amazonas e as campanhas realizadas para controlar a expansão da malária, febre amarela, dengue, etc.

Havia um plano estabelecido para homens com famílias para ter um valor do seu salário deduzido pela propriedade e enviado ao Banco de Crédito da Borracha, que enviaria o dinheiro à família do soldado no Ceará. Porém, este plano nunca foi implementado uma vez que o dinheiro nunca esteve disponível, por causa do sistema de débito-crédito e a conta dos seringueiros estava sempre no vermelho. O gasto anual de um seringueiro estava entre US$ 400 e 500 por ano, enquanto que o seu rendimento era apenas de US$ 300. Se os seringueiros mudassem de uma propriedade a outra, suas dívidas eram transferidas para o novo local de trabalho.

Não muito diferente de Eva Perón, na Argentina, Vargas gostava de se retratar como o "Pai dos Pobres", mas, na realidade, ele prestava pouca ou nenhuma atenção às reclamações e aos pedidos de assistência das esposas e dos filhos dos soldados da borracha. Em um momento, o governo brasileiro cancelou a assistência financeira para as famílias. "Usando um discurso patriota, as mulheres escreveram que a pobreza havia forçado seus maridos a irem para a Amazônia, onde estavam servindo o país produzindo borracha para a vitória das Nações Unidas. O telegrama dizia que 4.500 dependentes dos bravos soldados da borracha que estavam servindo na fronteira amazonense ficariam famintos caso o presidente Vargas não tomasse alguma atitude para restabelecer sua ajuda financeira. As mulheres lamentavam que não sabiam nada de seus maridos desde que partiram e não sabiam se estavam vivos ou mortos. O gabinete do presidente passou o comunicado à CAETA, que rejeitou a reclamação, declarando que as mulheres reconheciam que eles viviam na miséria já antes de os maridos irem para a Amazônia. Assim a CAETA não se considerou responsável pela propriedade."[62]

"De acordo com a política de permitir que as famílias acompanhassem os soldados da borracha, a CAETA ofereceu às esposas o transporte gratuito até a Amazônia para se juntarem a seus maridos, mas nem as famílias nem a CAETA sabia onde os maridos e pais trabalhavam. O governo considerou que sua responsabilidade pelo bem-estar dos soldados da borracha terminava quando eles chegavam às plantações. A falha em não manter informações sobre o local dos soldados teve consequências desastrosas, separando permanentemente os trabalhadores de suas famílias. Para as famílias destituídas deixadas para trás pelos soldados da borracha, o 'pai dos pobres' se tornou o padrinho de sua pobreza."[63]

Quando os soldados da borracha eram atribuídos a uma plantação, eles começavam sua rotina diária, que se iniciava no meio da noite, armados com uma espingarda, um facão, uma faca Jebond usada depois da faca de extração asiática, uma luminária de querosene e uma bolsa de couro com combustível. Andavam com dificuldade pela lama da floresta, procurando seringueiras selvagens, que estavam, muitas vezes, a muitos metros de distância, eles cortavam a árvore e prendiam a caneca para coletar o látex que pingava. No final do dia, tinham que voltar e pegar o látex acumulado. Seu facão abria o caminho pela selva, e sua espingarda era sua defesa contra animais selvagens e possíveis ataques indígenas.

Por causa de uma redução de mão de obra, os chefes da borracha empregaram índios para abrir o caminho para os soldados, e alguns deles se tornaram excelentes seringueiros. Os seringueiros consideravam os índios mais confiáveis, já que eles eram mais adaptados e mais autossuficientes que os soldados da borracha. Os índios tinham uma dieta melhor, gozavam de melhor saúde e eram mais resistentes à doença. Mesmo assim, os índios queriam trabalhar apenas pelo tempo suficiente para comprar ferramentas de metal e outros produtos que eles não podiam produzir.

Para o nordestino, a Floresta Amazônica não podia ser um ambiente mais oposto. Tendo nascido e crescido em um clima de deserto, ele tinha dificuldade em se adaptar à umidade e à solidão da selva, e seu sistema imunológico não era suficiente para evitar as doenças da selva. Mas, além de todos esses desafios, a maior dificuldade era a falta de mulheres na vida deles. Na verdade, os últimos estudos indicaram que os soldados que eventualmente se casaram com mulheres amazonenses eram para sobreviver. Para solucionar o problema, os chefes das plantações trariam mulheres de outros lugares, mas a reclamação comum entre os trabalhadores era a de que os próprios chefes pegariam as melhores. Os que tinham esposas sempre tinham medo de que elas fossem sequestradas ou assediadas, tanto por soldados da borracha quanto por índios.

Em uma entrevista com um Soldado da Borracha, Alcides Rodrigues Correa da Silva, 78 anos em 1998, Ariadne Araújo diz que ele "carregou muito látex nas costas, uns 40 kg em uma cesta de vinha, presa por cordas no tórax e testa do trabalhador. Para além disso, a rota era de oito horas por dia, pelas margens do rio Juruá em Cruzeiro do Sul – Acre".[64]

Apesar do rígido cronograma de trabalho, os soldados da borracha encontravam tempo para recreação. Nos fins de semana, os chefes da plantação organizavam forró, festa típica nordestina para os solteiros. A festa consistia de música e muita cachaça. Se não tivesse cachaça disponível, os homens bebiam álcool direto e, às vezes, misturavam com leite, o

FIGURA 44 – "Voleibol em Pouso do Prado".
Fonte: foto Aba-Film, dos arquivos do Museu de Artes da Universidade Federal do Ceará.

que chamavam de "rabo de macaco". Se não havia nenhuma mulher para dançar, os homens dançavam entre eles, mas a festa geralmente terminava com uma liberação para todas as brigas.

Mesmo assim, a possibilidade de até pagar suas dívidas para os proprietários da plantação era remota, já que eles tinham um contrato de dois anos e não poderiam sair antes de pagá-los. Ocasionalmente, acontecia, e havia poucos casos, de os soldados individuais se libertarem da coleta de borracha e abrirem pequenos negócios ao longo do rio.

Os mistérios da Amazônia sempre fascinaram os observadores, mas esses mistérios também fascinavam e até assustavam os seringueiros brasileiros que vinham de longe, do estado nordestino do Ceará. O cearense, ou o nordestino, não estava familiarizado com a Bacia do Amazonas, sua cultura e os desafios, como os exploradores europeus que visitaram a região na virada do século.

Quando milhares de seringueiros cearenses chegaram à Bacia do Amazonas, para extrair o precioso látex, desde a virada do século até a Segunda Guerra Mundial, encontraram dificuldade na adaptação não só ao clima, que era totalmente diferente, mas também aos mitos e às histórias, que eram perpetuados por milhares de seringueiros que trabalhavam na floreta por muitos anos. Esses mitos e lendas foram passados de geração a geração e são contados até hoje.

Muitos deles foram recordados e publicados em um livro feito pelo CTA (Centro dos Trabalhadores da Amazônia). A lenda do Mapinguari, o *Devorador de Cabeças e outras histórias das plantações de seringueiras* foi escrita pelos seringueiros reais, ou arigós. De acordo com os autores, é tudo verdade. "No livro, o jaguar é um dos mitos favoritos. O gato das selvas subia em uma árvore e agarrava um caçador inocente, rosnava e pegava o cachorro. Francisco de Assis Monteiro conta sobre o dia em que foi caçar com seu filho e conseguiu matar um. Seu cachorro não foi tão sortudo. O cão bateu com uma garra na cara tão forte que sua cabeça está torta agora."

"O **Mapinguari** (lendário animal vermelho, enorme, parecido com uma preguiça), o Curupira (mítico macaco demoníaco, que vive na floresta, com cabeça vermelha), a Mãe da Floresta, Matinta Pereira (um pássaro que parece uma bruxa), Caboquinho (outra lenda travessa da floresta). Eles fascinavam, atormentavam e amaldiçoavam os soldados da borracha nas profundidades da selva. Os mitos da Amazônia eram parte da vida diária dos migrantes nordestinos."

"Seis por seis pés, cabeludo, uma pele grossa, garras grandes afiadas, um olho no meio da testa e um enorme umbigo que lança um terrível odor que inebria o caçador. O Mapinguari, devorador de carne fresca na floresta, como descrito pelos índios Apurinãs."[65] Esses mitos aterrorizavam os soldados da borracha durante as extrações do látex tarde da noite e até recentemente os habitantes da região lembram essas histórias e lendas... Só um tiro na barriga poderia matar a fera. No Parque Chico Mendes, nas margens do Rio Branco, no Acre, uma réplica do tamanho natural do Mapinguari conta a história aos visitantes.

Há muitos perigos na floresta, tanto reais quanto imaginados, para aqueles que vêm do Nordeste. "O Curupira é vermelho e assume a forma de um macaco com o pé para trás. Se um caçador vir essa criatura, ele não conseguirá matar sua presa naquele dia. Ele fica muito cansado e sem sorte. Para enganar o caçador tolo, o Curupira pode se transformar em uma bela jovem e deixa o caçador perdido na floresta. Se não for o Curupira, poderia ser a Mãe da Floresta que pune os seringueiros por abusar das árvores. Ela é velha e bem magra, mas exigente e poderosa. Ela açoita cachorros e pode derrubar um arigó."[66]

"Matinta Pereira é um pássaro cinza com asas amarelas. Cheia de encantos, às vezes,

FIGURA 45 – Estátua do Mapinguari no Parque Chico Mendes, Rio Branco, Acre.

ela aparece com um rosto humano. Por outro lado, Caboquinho é um pouco mais difícil de ser encontrado, porque ele, quase sempre, está invisível. Ele é pequeno, locomove-se com os pés e tem o cabelo como o de um porco-espinho. Quando chateado, o Caboquinho irá açoitar um caçador com vinha, deixando marcas em todo o corpo."[67] Essas eram histórias orais, no momento em que eram contadas àqueles que chegavam às festas.

Nem todas as histórias contadas eram mitos ou lendas. Havia histórias verdadeiras de vida e morte nas plantações, e Irlan Erasmo da Silva, que ouviu essa história de um seringueiro na Associação de Seringueiros, me contou uma delas.

Uma memória amarga da nossa riqueza: José Costa nasceu em 1922, na Bahia, em um lugar chamado Coração de Maria, em Feira de Santana. Ele veio para a Amazônia em 1943 como migrante para trabalhar nas plantações de seringueira. Dona Raimunda Ferreira, esposa do seringueiro/soldado José Costa, lembra essa história. Ela ainda está viva, com 79 anos, e mora na cidade de Porto Velho.

Os homens vinham para a Amazônia, arrancados como plantas. A mudança de um local afastado até a Amazônia era tão drástica que eles começavam a suspeitar. "Vi homens mortos cortando seringueira e agora me pergunto se eu realmente estou vivo ou se morri e estou apenas sonhando que estou vivo."

Era um desses dias suspeitos quando José estava trabalhando na barraca da plantação em Triunfo, perto da fronteira com a Bolívia. Ele parou de cortar as seringueiras porque o chefe, Octavio dos Reis, descobriu que José sabia escrever um pouco e também fazer contas. Então ele foi trabalhar no barraco. De dentro do barraco, ele ouviu dois supervisores conversando na porta. Os dois não imaginavam que José conseguia ouvir o que estavam falando sobre Mário, um colega. Eles discutiam o que iriam fazer com o Mário, que estava doente e não fazia nada. Os dois brincaram sobre a situação dizendo que um seringueiro doente era como uma capivara morta.[68] Nesses casos, o chefe geralmente matava o doente e jogava o corpo no rio e pegava outro trabalhador para substituí-lo. E era assim em todas as plantações de seringueira e a lei deveria ser justa para todos. O outro homem concordou e disse que deveriam colocar José no seu lugar para cortar as árvores na rota do Mário. O seringueiro, José Costa, logo percebeu que os dois homens de confiança decidiram que Mário iria morrer em duas horas. Quando os dois perceberam que José tinha ouvido, eles o ameaçaram, "Olha, baiano, os santos não sabem que cristão deve morrer, mas nós sabemos quando um cristão está morto e qual pode ficar quieto e vivo".

José aprendeu lendo as histórias de capoeira, na Bahia, e, naquele momento, lembrou-se de um sonho que teve quando era menino, em que duas irmãs brincavam felizes na floresta e, de repente, assobiaram como um pássaro "Eu sou a vida, eu sou a morte". Em frente dos assassinos, o seringueiro sabia que ele continuaria em silêncio, sem dar as costas para eles. Tudo na Terra tem o seu tempo, de acordo com a vontade de Deus, e também com a vontade do homem. E José decidiu que Mário não iria morrer, não nas mãos de dois miseráveis dos diabos.

Ele saiu da barraca e, em segredo, contou para o Mário que os capangas do chefe estavam prontos para jogar no rio seu corpo em poucas horas. Mário, sabendo da sua morte, não saiu de sua rede, ele estava suando de dor e febre. Nesse momento, José sabia que ele tinha que fazer algo para salvar a vida de Mário, caso contrário, seria um pecado. Ele decidiu fugir, mesmo sabendo que estaria levando o amigo nas costas pela floresta por um caminho estranho e desconhecido e que outros homens iriam procurá-lo. Antes de escapar, ele voltou para o barraco e pegou toda a munição que havia e jogou no rio. José estava um passo à frente dos homens que iriam atrás dele e ficou longe dos conhecidos "pontos de checagem" nas florestas e nas margens do rio. Quando ele saiu, tinha uma espingarda carregada e Mário nas costas. Era a parte mais escura da noite; ele tinha tempo para fugir com pouca ou nenhuma esperança de sobreviver.

Depois de seis horas vagando pela imensidão escura da floresta, tropeçando e tendo vários cortes no corpo, o seringueiro sentiu o peso do mundo nos seus ombros. Ele caminhou pela floresta até o dia clarear e iluminar sua mente. Como um mestre, ele cortou algumas vinhas para prender um jamachin que os seringueiros e os índios usavam para deixar as cargas mais leves, desta vez, a carga era um colega doente. Ele caminhou com o fardo humano nas costas e a missão de não deixar o amigo Mário morrer na mão dos homens. Muitas horas mais tarde, e depois de anoitecer novamente, o seringueiro desmoronou com seu jamachin. Mário, que ainda estava vivo, conseguiu falar, "José, aqui nos seus ombros, estou vendo a última estrada da minha vida e, na mesma floresta onde meu corpo for enterrado, se erguerá uma cruz".

O seringueiro continuou carregando seu amigo pela floresta. Em outro sonho, as mesmas duas irmãs apareceram para ele, sorrindo como fizeram da outra vez e brincavam inocentemente embaixo de uma enorme seringueira, Vida e Morte disseram, "Graças a Deus, José. Há alguém que sabe quando você vai morrer". Mas José Costa não sabia e nada poderia fazê-lo negligenciar seu fardo humano pelo espaço de 33 dias na floresta. Comendo frutas e bebendo a água das vinhas e da chuva. Ele nunca mais sonhou com as irmãs.

Depois de 33 dias diretos ao lado do seu amigo, José viu uma enorme capivara em um buraco no chão. A vida sorriu para eles e José matou-a com a espingarda. Nesse dia, Mário morreu e José o enterrou no mesmo buraco onde matou o animal para comer seu fígado. Lá enterrou seu amigo e colocou uma cruz.

Dos milhares de trabalhadores migrantes do Ceará que trabalharam para a Amazônia para ter uma vida melhor, durante o primeiro ciclo da borracha na virada do século até a saga dos soldados da borracha durante os anos de guerra, relativamente poucos voltaram para casa. Muitos casaram com mulheres amazonenses e estabeleceram-se nas cidades de Porto Velho, Rio Branco, Manaus e muitas outras cidades na Bacia do Amazonas, e milhares morreram de febres da floresta e outras doenças. Na cidade de Porto Velho, dificilmente há uma pessoa entre os 400.000 residentes de hoje que não tem um parente entre os soldados da borracha originais.

A SERINGUEIRA

De Guiomar Ferreira:

Eu nasci na beira do Rio Madeira, na cidade de Humaitá, num seringal do Estado do Amazonas em 1928, recebi o nome de Guiomar, o mesmo da minha avó e da minha mãe. Não conheci minha mãe porque morreu no meu parto e quando grandinha entendi por que a parteira Dona Filó dizia que meu primeiro choro foi de vida e de morte. Conheci meu esposo Raimundo Lourenço em 1942, quando já estava na cidade de Porto Velho, aonde vim morar depois da morte de meu pai. Logo que me conheceu ele me pediu para casar. Eu tinha 14 anos de idade e não entendia muita coisa, mas o meu querer era casar e assim aceitei igual um riacho calmo, que não espera outro dia para seguir sua própria direção. Três dias depois me casei, sem conhecer nada de meu esposo. Aí foi quando ele disse que a gente vinha procurar um tesouro num seringal perto da fronteira do Brasil com a Bolívia. Falou que ele tinha sonhado com esse tesouro e vivendo na floresta ele saberia onde estaria escondido.

Quando ele parou de falar eu comecei a chorar e a juntar meus trapos. Meu coração estava tão apertado que parecia que tinha um pé de Apuí apertando por dentro. Pensei: "Casei com esse homem e ele é doido e agora não tem jeito, casamento pra mim é só uma vez, vou ter que viver com este doido pro resto da vida". Era o período da guerra e o Lourenço tinha chegado do nordeste e não sabia a diferença entre um pé de seringueira e uma castanheira, ia cortar seringa e já falava em achar um tesouro. Era coisa de doido mesmo! Ele veio para trabalhar como soldado da borracha e pensei que o tesouro que ele falava fosse ouro, prata ou outra coisa qualquer. Eu também tinha minhas ilusões, porque nessa época todo mundo pensava que ia ficar rico. Eu só não sabia como aquele leite que saía da seringueira na floresta ia se transformar em tesouro.

A viagem até a colocação no seringal na fronteira com a Bolívia foi uma guerra. Descobri pouco a pouco que todos os sofrimentos que tinha passado na minha infância até então, nenhum se parecia com aquele, porque tudo era desconhecido, meu marido era um desconhecido, o patrão dele era um desconhecido e no meio da floresta tudo era estranho, nada me consolava e os dias começavam devagar e pareciam não ter fim. Mas devagar minha vida de mulher de seringueiro *começou a me mostrar o valor daquele homem misterioso que acordava às 3 horas da manhã, pegava a estrada de seringa e me deixava com o coração na mão até às 5 cinco da tarde, quando voltava alegre e alegre ia defumar o sangue branco das árvores até as 8 da noite, já se preparando para o dia seguinte. Disse para mim mesma que ele trabalhava com tanto prazer fazendo o que fazia que não via como ele iria encontrar tempo para procurar tesouro escondido. Mesmo assim desconfiada comecei a perceber que era muito misterioso. E cada dia que passava a estranheza diminuía porque a vida me mostrava que tinha que caminhar e aprender.*

Aprendi a usar a floresta para fazer pequenos remédios que usava para aplicar nos golpes sofridos pelo Velho na estrada de seringa. Ele sangrava para colher o leite que nos fazia mais e mais unidos. Ele que antes não sabia a diferença entre uma seringueira e uma castanheira tornou-se um "tuxaua", o campeão do látex naquela colocação. Até que um dia, cruzando a pé um rio de água barrenta, o esporão de uma arraia atravessou seu calcanhar e o sangue jorrou como outro rio dentro do rio. Aí eu senti o mundo desabar porque sem remédio para bater naquela dor só a morte lhe daria sossego. A vida não lhe abandonou, mas era como se tivesse abandonado, porque sem poder sequer ficar em pé, sabia que logo os capangas do barracão iam saber que não prestava mais para o trabalho. E roubando-lhe a mulher iriam tratar de matá-lo antes do tempo. Aí foi quando me disse as palavras mais tristes que já ouvi na minha vida: "Guiomar, você não precisa ficar aqui comigo, eu não posso trabalhar e sem meu trabalho eu não posso lhe ter como mulher, você sabe disso. Vai até o barracão e procura uma saída deste lugar, eu posso morrer em paz se você me obedecer".

Minha vida nunca foi fácil, mas aquela dor eu não conhecia. Disse para ele: "Velho, eu não casei pra desonrar meus pais e muito menos o homem que Deus me deu. Daqui eu só saio se você estiver morto. De amanhã em diante eu vou cortar as estradas de seringa no seu lugar acompanhada dessa nossa espingarda carregada, e você vai ficar em casa me esperando até eu voltar com o leite, que vai me ajudar a defumar. Durante algum tempo eles não vão desconfiar de nada, pensarão que você está cortando as estradas. Mas um dia poderão descobrir que você está inválido e, se isso acontecer, não deixarei que me abusem e pra isso usarei desta espingarda e de todas as minhas forças. Não tenho remédio pra lhe cuidar deste mons-

truoso ferimento, mas tenho fé e você tem a minha fidelidade de mulher. Agora eu que sou a seringueira". Ele sorriu com estas palavras que eu falei por derradeiro.

Tudo que eu falei aconteceu como uma coisa escrita de acontecer, porque durante um bom tempo os homens não desconfiaram de nada. Mas um dia me encontraram no meio de uma estrada com a cuia na mão, sozinha e quase morta de cansada. Falaram do que já desconfiavam porque a quantidade de leite tinha diminuído e se o "tuxaua" não podia mais trabalhar também não tinha o direito de ter uma mulher em uma colocação. Com essas palavras avançaram pra mim. Neste momento enfrentei os dois com o cano da espingarda, dois olhos faiscando sangue e uma força na voz que não sabia de onde vinha. E a vida do Lourenço e a minha honra foram salvos por obra dessa força descomunal que chegou em mim de uma forma que senti naquele momento que aquilo não era eu.

Contei tudo ao Velho. Eu estava tão alterada que quase a voz não saía e ele ouviu tudo tão calado e pensativo que me deixou sem jeito. Já tinham se passado seis meses que ele estava de cama e depois deste dia que lhe contei do encontro com os homens do barracão mais alguns meses se passaram. E quando inteirou um ano e dez meses do golpe da arraia, ele se levantou. E de novo às 3 horas da manhã saiu sem me dizer uma só palavra. Pegou a estrada da seringa e quando voltou às 5 da tarde, como sempre fazia, ele me disse as palavras mais lindas que eu já ouvi em toda a minha vida e que estão comigo tão vivas que por isso mesmo posso contar enquanto ainda viver: "Guiomar, eu vim pra dentro desta floresta com a certeza de que aqui encontraria meu tesouro. Esta certeza nunca me abandonou. E durante todo esse tempo em que estive prostrado nesta cama, cada dia que passou foi como o tempo da lapidação do meu tesouro. E hoje me levantei recuperado e entrei novamente na estrada de seringa já sabendo onde estava meu tesouro". Aí eu não me aguentei mais e me avexei logo a perguntar: "E onde está Lourenço este tesouro que tu tanto fala, homem?". Ele sorriu e com este sorriso ele disse: "Meu tesouro está dentro do meu coração. Deus me deu força pra cortar a seringueira que nos sustenta, mas ele também me deu a sabedoria necessária pra reconhecer você, a seringueira da minha vida. A tua fidelidade e teu amor por mim, Guiomar, são o maior tesouro que um homem pode ter e eu sei que é verdadeiro porque na dor eu te encontrei".

FIGURA 46 – Seringueiros imigrantes chegando a Porto Velho.
Fonte: National Archives Building, Washington, DC (NAB).

Durante uma de nossas viagens a Porto Velho, visitamos a restaurada estação de trem Madeira Mamoré acompanhados por membros da Associação de Preservação do Rio e da Estrada de Ferro Madeira Mamoré. Uma pessoa do grupo era um seringueiro de mais de 90 anos de idade, e os outros eram descendentes de seringueiros.

A maioria dos cearenses que se deslocou para a Amazônia mencionava a palavra "saudade". Para amenizar a dor de estar longe de casa, os soldados da borracha encontraram conforto quando as vilas e vilarejos em que moravam recebiam nomes das cidades do estado do Ceará, "nas margens do rio Juruá, no Acre, há inúmeras plantações chamadas Fortaleza. Mas, na cidade de Cruzeiro do Sul, a notícia é de que havia dezenas de lugares chamados Ceará, Rio Grande do Norte e Paraíba. Por causa disso, José Pereira da Silva, 64 (em 1998) pode dizer que vive vem "Fortaleza, a capital onde seu pai nasceu".[69]

FIGURA 47 – Gary com o seringueiro e os descendentes, em 2010.

Na periferia de Porto Velho, centenas de descendentes dos soldados da madeira vivem na pobreza em uma favela, ainda esperando pela pensão e divisão dos lucros prometida pelo governo de Getúlio Vargas em 1942.

Os seringueiros na Amazônia podiam ser divididos em duas gerações diferentes. Lá estavam aqueles que extraíram borracha entre 1850-1912, durante o primeiro boom, conhecidos como flagelados. Apesar do fato de que seus filhos e netos os seguiram na mesma indústria, há uma grande diferença entre os dois grupos. Os soldados da borracha, que faziam as extrações durante a Segunda Guerra Mundial entre 1942-1947, eram um grupo totalmente diferente de homens. Embora os dois grupos de homens migrassem para a Amazônia como resultado da seca e das baixas condições de vida no nordeste do Brasil, eles tinham motivações diferentes.

FIGURA 48 – Desfile para os soldados da borracha com as bandeiras americana e brasileira.

Fonte: National Archives Buildings, Washington, DC (NAB).

O primeiro grupo veio para a Amazônia para melhorar de vida e buscar fama e fortuna. A demanda da borracha em todo o mundo atraiu milhares de especuladores internacionais e aqueles que buscavam fortuna, e a necessidade daqueles que pudessem extrair o precioso látex estava em grande demanda. Quando acabou o *boom* da borracha em 1913, um grande número de flagelados originais voltou para o nordeste infeliz e desapontado com a experiência. Nada do que tinham previsto se materializou.

Em contraste, os seringueiros da Segunda Guerra Mundial foram para a Amazônia com a convicção de que estavam contribuindo para uma vitória dos aliados e, como resultado, estavam animados com o patriotismo e com o objetivo. Eles saíram de sua cidade em todo o Nordeste bem-dispostos e, mesmo assim, durante a guerra, eles tiveram muitas dificuldades, não como seus pais e avôs, mesmo hoje, eles acham que tiveram uma contribuição significante para a vitória dos aliados. Vargas, na sua campanha de propaganda, deu a eles orgulho, status, cidadania e os enalteceu como heróis nacionais.

Soubemos pelo representante legal da Associação dos Seringueiros em Porto Velho, Iram da Silva, que o ex-presidente Luiz Inácio Lula da Silva deu a eles uma pensão parcial durante seu mandato. Em 2010, os descendentes sobreviventes dos seringueiros, agora na faixa dos 90 anos ou mais, processaram o governo brasileiro para adquirir mais indenizações pelos sacrifícios de seus pais, avôs e deles próprios. O processo ainda está pendente.

FIGURA 49 – Chico Mendes.
Fonte: Agência Brasil: Atributo de porções criativas, licença do Brasil 3.0.

Mesmo na história recente, os seringueiros foram manchete internacional. Chico Mendes, da terceira geração de seringueiros, nascido no Acre, Brasil, em 1944, teria possivelmente o impacto mais profundo sobre o desmatamento da Amazônia. Ele cresceu em uma plantação de seringueiras e, com nove anos, começou a trabalhar como seringueiro. Ele não teve acesso a escolas e não sabia ler até os dezoito anos.

Em uma tentativa revolucionária de oferecer justiça e proteção aos trabalhadores e à floresta, Chico Mendes ajudou a fundar o Sindicato dos Seringueiros de Xapuri, em 1970, e o mais influente Conselho Nacional de Seringueiros, em 1985. Por causa disso, ele enfrentou forte e, às vezes, violenta oposição dos fazendeiros que exploravam os seringueiros.

As organizações de Mendes ofereciam segurança aos trabalhadores e proteção à Amazônia. Encontrar soluções viáveis para problemas como desmatamento, pavimentação de estradas e criação de gado estava no centro dos seus esforços. Em março de 1987, Mendes foi convidado para ir a Washington, DC, pelo Environmental Defense Fund e pela National Wildlife Federation, onde explicou sua ideia ingênua de "reservas extrativas" ao Banco do Desenvolvimento Interamericano, Banco Mundial e Congresso Norte-Americano.

Sua ideia de reservas extrativas tiraria a terra das mãos daqueles que estavam lucrando com a destruição e colocaria em domínio público. A terra seria usada pela população para agricultura de subsistência, não só do látex, mas também de óleo, fruta, nozes e outras riquezas que a Amazônia oferece.

Sua ideia foi um sucesso e, hoje, as reservas extrativas têm mais de 8 milhões de acres na Amazônia. Na época, apesar de seus elogios, Mendes continuava recebendo constantes ameaças de morte. Um fazendeiro em particular, Darly Alves da Silva, parecia querer acima de tudo Chico Mendes morto. Em 1987, Darly comprou uma plantação com intenções de explorar a borracha, mas Mendes e seu sindicato resistiram, chegando a forçar Darly a recuar.

No final de 1988, com 44 anos, Chico Mendes profetizou que não viveria até o Natal. Sua profecia se concretizou no dia 22 de dezembro, quando Darly entrou à força na sua casa e atirou nele com uma espingarda até a morte. Chico era só um dos 19 ativistas assassinados naquele ano. O impacto de Mendes na sua comunidade, na Amazônia e no mundo transformou esse pobre seringueiro em um ícone, e seu corajoso martírio ainda inspira outras pessoas a lutarem contra o desmatamento e a opressão.

Capítulo 10

ENVIOS DA BORRACHA, PROCEDIMENTOS DE PAGAMENTO E QUOTAS DE BORRACHA PARA OUTRAS REPÚBLICAS LATINO-AMERICANAS

EMBORA OS GOVERNOS DOS EUA E DO BRASIL tivessem chegado a um entendimento geral da sua relação de trabalho, ainda havia muitas questões a serem resolvidas. Obviamente, os Estados Unidos estavam ansiosos para avançar com a produção de borracha, já que eles tinham menos de um ano de estoque no país, mas o governo brasileiro também queria ter certeza de que estava coberto em todas as áreas e que não iria simplesmente permitir uma carta branca para o governo norte-americano. Os brasileiros também estavam preocupados com o pagamento pela borracha, tal como os Estados Unidos estavam preocupados sobre receber a borracha mediante o pagamento.

Como resultado de todas as preocupações dos dois lados, outra série de comunicados foi trocada entre o Embaixador Americano Jefferson Caffery, no Rio de Janeiro, e o Secretário de Estado dos EUA, e também com o Ministério das Relações Exteriores.

811.20 Defesa (M) Brasil/328: Telegrama

O Embaixador no Brasil (Caffery) ao Secretário de Estado[70]

Rio de Janeiro, 14 de março de 1942 — 16h.

[Recebido às 6:15 p.m.]

871. Para as reservas de borracha. Número do departamento 640, 13 de março, 19h. As empresas Firestone Tire e Rubber Company, Goodyear Tire e Rubber Company continuarão aqui a atuar como agentes para a Rubber Reserve pelo Acordo?

Esperamos uma rápida resposta.

Caffery

811.20 Defesa (M) Brasil/328: Telegrama

O Secretário de Estado Interino para o Embaixador
no Brasil (Caffery)[71]

WASHINGTON, 17 de março 1942 — 15h

671, Seu 871 de 14 de março. A Firestone e a Goodyear não continuarão a atuar, já que a Rubber Reserve irá tratar diretamente com o Banco do Brasil.

Welles

811.20 Defesa (M) Brasil/335: Telegrama

O Embaixador no Brasil (Caffery ao Secretário de Estado[72]

RIO DE JANEIRO, 17 de março de 1943 — 21h

[Recebido às 11:20 p.m.]

918. Para a Rubber Reserve. 640 do Departamento, 13 de março, 7 p.m. Informei o Governo Brasileiro e o Banco do Brasil, Dr. Truda do Banco do Brasil[73] é da opinião de que o Governo irá esperar que a Rubber Reserve ofereça os arranjos para envio.

Dr. Truda diz que o Governo deve promulgar um decreto-lei estabelecendo uma única agenda de vendas. Ele irá discutir esta e outras questões com Souza Costa[74], que está voltando hoje.

Dr.Truda pretende estabelecer os escritórios de compra em Belém e Manaus para comprar a preços fixos a um pequeno desconto para os gastos da agência de vendas, revendendo somente para os consumidores estabelecidos no Brasil e para a Rubber Reserve. Ele irá manter um preço de venda uniforme para o mercado interno e para exportação. Ele estima que o consumo doméstico é de, no máximo, 10.000 toneladas por ano.

Dr. Truda, em total acordo com as cláusulas do parágrafo 3. Ele diz que o Brasil exportou, recentemente, 165 toneladas para Venezuela, 20 toneladas para o Chile e que o Governo irá autorizar o envio de 150 toneladas para a Argentina, que foram comprados muitos meses atrás, mas não irá aprovar outros pedidos.

Irá adotar medidas para evitar acúmulo de borracha por não consumidores.

Caffery

811-20 Defesa (M) Brasil/355

O Embaixador no Brasil (Caffery) ao Secretário de Estado[75]

No. 6764

RIO DE JANEIRO, 18 de março de 1942

[Recebido em 23 de março.]

SENHOR: Tenho a honra de mencionar o telegrama No. 623 do Departamento, do dia 12 de março, 9 p.m.[76] transmitindo uma nota da Corporação Financeira de Reconstrução para o Banco do Brasil, referente ao crédito de US$ 10.000.000 para a compra da borracha brasileira. A nota foi entregue ao Banco do Brasil em 13 de março de 1942.

Envio cópias da carta de reconhecimento do Banco do Brasil e cópias da notificação de registro de crédito.[77] A única diferença entre a nota da Corporação Financeira de Reconstrução e o crédito registrado pelo Banco do Brasil é que o banco oferece três cópias negociáveis do conhecimento de embarque, enquanto que a Corporação Financeira de Reconstrução pede apenas duas. O Sr. McAshan[78] entende que não há objeções ao procedimento, desde que o Banco do Brasil envie o terceiro conhecimento de embarque ao Federal Reserve Bank, quando um dos dois conhecimentos tiver sido recebido nos Estados Unidos.

Solicite a Rubber Reserve Company para confirmar a aceitação da carta e dos anexos do Banco do Brasil.

O Banco do Brasil sugeriu que o rascunho original e os documentos mencionados no telegrama do Departamento acima mencionado fossem enviados por via aérea, o segundo rascunho e os documentos por correio marítimo e o terceiro conhecimento de embarque negociável deve ficar no banco para ser enviado ao Federal Reserve Bank, quando um dos originais acima tiver sido recebido nos Estados Unidos. Esta sugestão é feita para oferecer a contingência, se os dois pagamentos forem desviados.

Atenciosamente,
Para o Embaixador;

JOHN F. SIMMONS
Conselheiro da Embaixada

Conforme mencionado anteriormente no livro, sempre houve uma questão prolongada na cabeça dos representantes dos soldados da borracha nas áreas do Acre e de Rondônia sobre se os EUA mantiveram ou não o combinado sobre os pagamentos com o Governo Brasileiro. O documento acima e a troca entre o embaixador americano Caffery e o Secretário de Estado dos EUA, detalhando como os pagamentos tinham que ser feitos e para qual órgão do governo, deve apagar qualquer dúvida sobre o acordo dos pagamentos feitos desde o começo e, subsequentemente, quando cada carga de borracha foi enviada aos Estados Unidos. O mecanismo do pagamento descrito em detalhes no telegrama acima teria impossibilitado que a borracha saísse da Bacia do Amazonas para os Estados Unidos sem o pagamento em mãos.

811.20 Defesa (M) Brasil/335: Telegrama

O Secretário de Estado Interino para o Embaixador no Brasil (Caffery)[79]

WASHINGTON, 24 de março de 1942 — 6 p.m.

749. Seu 916 de 17 de março. A proposta para Truda permitir

a exportação de 150 toneladas de borracha para a Argentina parecia violar os termos das notas e os acordos de compra de borracha, já que o conteúdo era que, depois da data de assinatura, o Brasil permitiria a exportação de borracha somente para esse país. Solicita-se que mostre isso ao Dr. Truda para obter sua cooperação ao evitar esse envio.

WELLES

No telegrama acima, o Secretário de Estado Interino norte-a-mericano Sumner Wells protestou a intenção do Brasil em atender um pedido anterior da Argentina de 150 toneladas de borracha, dizendo que o país era colaborador do Eixo e que a borracha solicitada seria utilizada para fins militares pelas potências do Eixo. A Itália já tinha estabelecido uma fábrica de pneus da Pirelli em Buenos Aires, e os EUA achavam que esta fábrica de pneus de borracha utilizaria esse pedido de borracha do Brasil.

811.20 Defesa (M) Brasil/361 Telegrama

O Secretário de Estado Interino para o Embaixador no Brasil (Caffery)[80]

WASHINGTON, 27 de março de 1942 — 10 p.m.

799. "Seu 1008, 24 de março, 2 p.m.[81] Sugere que os inspetores da estação da Rubber Reserve em Belém e Manaus aprove a qualidade final e os pesos antes do envio da borracha não praticável atualmente.

A Rubber Reserve concorda em emendar as letras de crédito para permitir que uma única agência de vendas fique com a borracha de valor, menos as cobranças de F.O.B., caso o envio de exportação não seja feito em 30 dias depois que a borracha estiver disponível para envio, desde que a borracha seja armazenada em depósitos públicos aceitáveis para o Banco do Brasil e o recibo do depósito seja entregue ao Cônsul Americano na hora do pagamento.

A Rubber Reserve o autoriza a negociar a emenda para os diferenciais contidas a 640 do Departamento, de 13 de março, dentro dos limites relatados no telegrama 689 da Embaixada, em 4 de março[82], mas não acima de 19 ½ centavos para o Mangabeira bruto e Manioba bruto ou Ceará. A Rubber Reserve recomenda que os diferenciais para Cameta bruto e lavado e também para Caucho bruto e lavado sejam negociados nos preços cotados, ou quase, para essas classes no 640 do Departamento, 13 de novembro.

A resposta será dada a uma data posterior para sugestões relacionadas ao Acordo do Artigo 7".

WELLS

Na troca de mensagens entre Brasil e Estados Unidos, havia uma grande preocupação de que outras repúblicas americanas não pudessem receber pneus manufaturados suficientes para sua necessidade, e o Brasil e os Estados Unidos estavam tentando desesperadamente encontrar uma solução para este crescente problema.

811.20 Defesa (M) Brasil/525: Telegrama

O Embaixador no Brasil (Caffery) ao Secretário de Estado[83]

Rio de Janeiro, 1 de maio de 1942 — 6 p.m.

[Recebido às 10:52 p.m.]

1486. Para Finletter[84], Newhall[85] Clayton[86], Klossner[87], de Allen.

1076 do Departamento, 24 de abril [25], meia-noite, e minha 1443, 28 de abril, 9 p.m.[88]

O acordo seguinte alcançado no encontro com os fabricantes de borracha brasileiro e os membros da Comissão Brasileira sujeito à aprovação do Ministro das Finanças.

1. Quota geral de 10.000 toneladas por ano de borracha seca e recuperação.

2. Mínimo de 25% de quota a ser dedicado para a fabricação de produtos essenciais para exportação para aplicar contra as necessidades essenciais do Hemisfério Ocidental, conforme determinado por Washington, em vigor, estabelecendo a quota máxima interna de 7.500 toneladas.

3. A Rubber Reserve compra o excesso de pneus e tubos para exportação ao equivalente dos preços líquidos dos comerciantes do Rio de Janeiro, conforme aprovado pelo Governo Brasileiro.

4. A exportação de pneus e tubos a outros países, que não os Estados Unidos, era imediatamente proibida independente das licenças consideráveis. Instruções necessárias já enviadas pelo Ministro das Finanças.

5. Os fabricantes de itens variados de borracha desejam descontinuar a fabricação de itens não essenciais e restringir as exportações aos Estados Unidos, por causa dos preços acertados e os pedidos feitos para pneus e outros produtos essenciais de borracha. Prudentes, os EUA deram garantia desde o início a esses países com relação às necessidades de abastecimentos essenciais.

Roberts[89] fica no Rio de Janeiro até o final da próxima semana para concluir as negociações de produtos variados e, depois, nos encontrará em Lima. Precisamos de informação urgente pela solicitação do nosso telegrama 1225, 10 de abril, meia-noite.[90] Sobre os produtos variados de borracha para encontrar os fabricantes em 7 de maio. Enviar informação básica por telégrafo, caso não possa ser enviado por correio aéreo.

Os calendários oficiais de preço foram publicados no Brasil, facilitando assim o envio de reinício.

Acredito que o excesso de produção que pode ser exportado pode chegar a 25%, por causa da gasolina no armazenamento e no drástico racionamento de gasolina, que já tinha reduzido materialmente as conduções não essenciais e a demanda de pneus.

Forte pressão democrática aplicada para sustentar o Brasil por parte de outros países da América Latina para fornecer os produtos essenciais de exportação.

6. Todos os fabricantes que queiram usar aproximadamente a mesma proporção que agora é usada nos Estados Unidos quando disponível.

7. O Brasil deseja desenvolver o máximo de recuperação de abastecimento doméstico possível e solicita que os EUA facilitem o envio desses equipamentos.

> Envie um telégrafo se a regenerada puder ser satisfatoria-
> mente usada na mesma proporção que a outra nos EUA.
>
> 8. A Comissão Brasileira está recomendando uma suspensão
> de 2 anos dos impostos e outros obstáculos para importação
> e uso do pedido dos EUA. O Brasil deseja usar a recuperação
> dos EUA em seu abastecimento interno inadequado para
> estar de acordo com o parágrafo 6.
>
> 9. O Brasil se responsabiliza pela campanha para ocasionar
> economia no uso dos produtos de borracha.
>
> 10. Os EUA facilitam o envio de materiais necessários pela
> indústria de fabricação de borracha com relação ao que o
> Brasil depende dos Estados Unidos.
>
> 11. Os Estados Unidos dão garantia ao Brasil com relação
> ao abastecimento dos bens essenciais de borracha para
> fins militares e industriais no Brasil ou equipamento para
> fabricação. [Allan]
>
> Caffery

O memorando de entendimento anterior detalhou com precisão a política da borracha entre os Estados Unidos e o Brasil, indo mais além. Deve-se notar que todas essas negociações aconteceram em um breve período entre o ataque de Pearl Harbor, em 7 de dezembro de 1941 e o final de maio de 1942.

No início de 1944, "Uma comissão especial formada para estudar o abastecimento e os estoques do material de guerra foi quem fez soar o alarme. Em 1944, aproximadamente 27 milhões de automóveis nos EUA foram abandonados pela falta de pneu. Carros à parte, a produção de outros itens foi afetada, como calçados, isolamento, correias e peças para rádio e telefone. O estoque armazenado duraria só mais 12 meses no máximo. Os responsáveis pelo planejamento militar estavam em pânico. Mas a indústria bélica recebeu prioridade. Melhor o desconforto que a derrota.

"O relatório final da comissão não deixou dúvidas. Se não houvesse garantia de novos abastecimentos, as necessidades militares usariam todo o estoque – 641 mil toneladas – antes do verão. O caminho seria de sacrifício. Primeiro, para os civis americanos e, pouco depois, para os milhares de nordestinos brasileiros. Par reduzir o consumo de pneus, os EUA racionaram a gasolina, implementaram limites de velocidade de 56 km/h, limitaram quilometragem anual de 8.000 km e até suspenderam a produção e venda de automóveis até outra notificação."[91]

811.20 Defesa (M) Brasil 516: Telegrama

O Secretário de Estado para o Embaixador
no Brasil (Caffery)[92]

WASHINGTON, 6 de maio de 1942 — 10 p.m.

1164. Seu 1442 de 28 de abril e 1486 de 1 de maio. Para Donnelly e Allen. Todos aqui concordam que vocês tiveram excelentes resultados nas negociações com relação ao consumo interno e aos produtos manufaturados.

O acordo definido no seu 486 de 1 de maio é de satisfação geral.

Nos pontos 2 e 3, entende-se que a Rubber Reserve compra o excesso de pneus e tubos que podem ser exportados e, depois, usa no abastecimento das necessidades essenciais da América Latina.

A expressão do ponto 5 não está tão clara, já que se refere à prudência de que os Estados Unidos dão a garantia segura antes para "esses países" com relação ao abastecimento das necessidades essenciais. Assume-se que se referem às outras necessidades essenciais da América Latina para os produtos variados de borracha. No acordo com o Peru, este Governo concordou em colaborar com Peru para garantir uma distribuição correta de produtos de borracha disponíveis para os Estados Unidos e Peru, com base nas necessidades relativas e da atual emergência. É provável que garantias similares sejam dadas a outros países, que tenham rompido com o Eixo.

Abaixo está o uso estimado dos produtos variados de borracha em longas toneladas de borracha bruta durante 1940: Argentina 145; Bolívia 30; Chile 195; Colômbia 126; Equador 21; Panamá 36' Paraguai 3; Peru58; Uruguai 29; Venezuela 147.

Abaixo está o uso estimado para 1.942 das necessidades essenciais dos produtos variados de borracha em longa tonelada de borracha bruta: Argentina 50; Bolívia 38; Chile 158; Colômbia 76; Equador 6; Panamá 12; Paraguai 6; Peru 59; Uruguai 27; Venezuela 82.

Nenhum colapso de produtos ocorreu até o momento.

A estimativa de necessidade da Argentina é reconhecida como baixa, mas parece que, com estrita limitação na Argentina, há borracha suficiente em estoque para cuidar das necessidades até o final do ano, exceto para uma pequena parte para cobrir tipos de produtos especiais.

Esses números representam somente as intenções atuais aqui e não devem ser implicados de que este país não está limitado a fornecer esses valores a esses outros países.

A resposta à pergunta no ponto 7 depende do produto para o qual será usado. A Goodyear e a Firestone receberam solicitação para fornecer informação adicional sobre essa questão e será transmitida assim que for recebida.

Com relação aos pontos 9 e 10, os Estados Unidos vão concordar em fazer todo o possível para facilitar esses envios de acordo com as necessidades de emergência relativa dos dois países.

HULL

811.20 Defesa (M) Brasil/780 Telegrama

O Embaixador no Brasil (Caffery) ao Secretário de Estado[93]

Rio de Janeiro, 13 de maio de 1942 — 3 p.m.

[recebido às 6:30 p.m.]

1615 para Finletter, Clayton, Newhall, Klossner.

Sr. Boucas[94] informa-nos que entendeu que o fundo de 5 milhões de dólares mencionado na cláusula 4 do acordo da borracha de 3 de março[95] e no parágrafo 1 da nota de Souza Costa ao Sr. Welles com data de 3 de março[96] era para ser além do prêmio pagável pela borracha em excesso de 5.000 e 10.000 toneladas anualmente. Sr. Boucas definiu que seu entendimento alcançado em Washington era que os prêmios seriam pagos ao Instituto Agronômico do Norte ou do novo Instituto da Borracha e não usado como crédito contra o fundo de 5 milhões de dólares.

Entendemos que os prêmios devidos seriam creditados contra qualquer parte do fundo de 5 milhões de dólares que teria sido usado no Brasil para aumentar a produção de borracha até que essa parte do fundo de 5 milhões de dólares usado tenha sido coberto depois que tal prêmio fosse então pago totalmente à agência governamental brasileira apropriada.

Para evitar sérios mal-entendidos neste final, é solicitado urgentemente que envie um telégrafo com sua interpretação o mais rápido possível.

CAFFERY

811.20 Defesa (M) Brasil/606 Telegrama

O Embaixador no Brasil (Caffery) ao Secretário de Estado[97]

RIO DE JANEIRO, 19 DE MAIO DE 1942 — 4 p.m. [RECEBIDO EM 20 DE MAIO — 1:03 a.m.]

1696. 1245 de Departamento, 16 de maio, 2 p.m.[98] O Ministro das Finanças em 28 de abril (veja meu 1442, 28 de abril 9 p.m.[99]) instruiu o Diretor do Departamento de Exportação-Importação do Banco do Brasil a proibir a exportação da borracha crua, em qualquer forma, e pneus e tubos, exceto para os Estados Unidos. O Ministro das Finanças confirmou a instrução por escrito na semana passada e novamente instruiu o Banco do Brasil a cancelar todas as aplicações para exportação desses produtos.

Com relação à carta da Embaixada Americana em Buenos Aires, os envios mencionados foram feitos sob licenças obtidas antes do acordo de 3 de março entre o Brasil e os EUA. Os outros casos mencionados no telegrama do Departamento estão cobertos pela proibição citada no primeiro parágrafo.

CAFFERY

811.20 Defesa (M) Brasil 538: Telegrama

O Secretário de Estado para o Embaixador no Brasil (Caffery)[100]

WASHINGTON, 21 de maio de 1942 — 5 p.m.

1301. Em futura resposta para seu 1576, de 9 de maio[101] a Rubber Reserve está preparada para comprar todos os itens variados de borracha já fabricados e em processo e todos os itens futuros disponibilizados durante a vigência do Acordo de 3 de março pelos preços líquidos de comerciantes que prevalecem agora no Brasil, sujeito à alteração por acordo mútuo.

Desde que seja praticável, o Acordo deve fornecer a compra de itens essenciais, a produção que é permitida pelos termos do W.P.B. ordem M-15-b, conforme a emenda.

O acordo com a Rubber Reserve deve garantir que a Rubber Reserve Company tenha direito de alterar os itens na lista e as especificações com proteção devida para os interesses do fabricante. A Rubber Reserve fará os arranjos necessários para financiar a aquisição desses itens e o estoque no Brasil. Entende-se que esta oferta se aplica somente àqueles produtos fabricados dentro da quota fixada pelo acordo para o consumo industrial nacional do Brasil de borracha bruta e regenerada.

O acordo não é limitado à aquisição de produtos essenciais. Isso acontece por duas razões. Em primeiro lugar, não temo aqui as informações detalhadas das instalações de produção brasileira para produtos variados e, assim, não é possível determinar como seria viável fabricar os itens aqui considerados como essencial. Em segundo lugar, não temos informações detalhadas sobre as especificações de outras Repúblicas Latino-Americanas para produtos variados. Por essas razões, a Rubber Reserve Company está planejando enviar ao Brasil, em um futuro próximo, um representante que esteja familiarizado com as políticas de conservação que irá auxiliar na troca para a fabricação de itens essenciais e podemos prosseguir com a obtenção das informações necessárias para outra Repúblicas Latino-Americanas. Porém, enquanto isso, a Rubber Reserve Company deseja adquirir todos os produtos fabricados não necessários para consumo interno no Brasil.

Repita para Lima para Allen como nº.43.

HULL

As trocas de torpedos entre o Brasil e os Estados Unidos com relação às quotas de borracha para as outras repúblicas latino-americanas enfatizou a urgência de encontrar uma solução para o problema de atender às necessidades das outras repúblicas.

Os Estados Unidos deixaram claro que queriam considerar as necessidades das outras repúblicas que tinham se afastado das potências do Eixo, mas também deixaram claro que a Rubber Reserve Company, dos EUA, tomaria a decisão final sobre a quota para cada país.

811.20 Defensa (M) Brasil/721a: Telegrama

O Secretário de Estado para o Embaixador
no Brasil (Caffery)[102]

WASHINGTON, sábado, 13 de junho de 1942 — 6 p.m.

1532. Seu 1804 28 de maio.[103] O objetivo geral do fundo de desenvolvimento de 5 milhões de dólares é disponibilizar no Brasil fundos para tomar todas as ações necessárias para aumentar a produção de borracha bruta, o mais rápido possível. Porém, implicada neste objetivo geral está a limitação de que o fundo não deve ser usado, a menos que, e somente por isso, seja necessário para esse objetivo.

O fundo está basicamente disponível para subsídios, sem obrigação de reembolso. Incluído nesses subsídios, de acordo com os termos do parágrafo 4 do acordo de 3 de março de 1942, são prêmios para a borracha bruta comprada pela Rubber Reserve Company. Esses prêmios devem ser creditados contra o fundo e devolvido para o Governo Brasileiro para ser expandido por esse Governo para projetos de desenvolvimento de borracha bruta.

Onde se faz uma solicitação por um subsídio do fundo, a consideração regente deve ser a importância do projeto para qual o subsídio é solicitado para a produção despachada de borracha bruta. Porém, sujeito a esta consideração, também é possível levar em conta: (1) Se o projeto é comercialmente viável com base no lucro sem subsídio ou apenas com subsídio parcial; (2) Em caso positivo, se houver uma garantia de que será prometido o mais rápido possível, independente de um subsídio.

O fundo também está disponível para empréstimos. Como no caso dos subsídios, a consideração regente em aprovar uma solicitação para empréstimo é a importância do projeto para a produção da borracha bruta. Porém, sujeito a esta consideração, também é possível levar em conta: (1) Se o projeto for financiado por empréstimos de acordo com a prática comum da indústria;

(2) Se o projeto é um risco de acordo com as normas comuns da prática bancária; (3) Se é um risco se houver seguro, que será financiado por fontes de capital privado o mais rápido possível. O valor dos empréstimos dados deve ser deduzido do fundo da mesma maneira que os subsídios, para determinar o saldo em mãos em determinado momento; mas o dinheiro recebido em reembolso do chefe desses empréstimos imediatamente deve ser devolvido ao fundo e disponibilizado para novo gasto.

É sugerido que, sempre que possível, as solicitações para empréstimos para financiar projetos, que são comercialmente seguros, cedidas a partir desse fundo especial, sejam definidas pela Rubber Reserve Company. Seria prever, sob o esgotamento do fundo de 5 milhões de dólares, que pode ser usado para financiar qualquer projeto necessário para expedir a produção de borracha bruta, independentemente de quão ruim possa ser o risco comercial.

De acordo com o que foi dito anteriormente com relação à cessão de subsídios dos fundos, e para uma orientação mais específica com relação a isso, abaixo estão as sugestões ilustrativas dos projetos de subsídio: esta lista é meramente ilustrativa e de nenhuma forma é para ser considerada exaustiva.

1. A melhoria das instalações de transporte e de comunicação, como a aquisição de embarcações, construção de estradas em áreas remotas de produção de borracha. (ex.: aquelas no Mato Grosso), construção de bases aéreas e provisões de transmissores de rádio de onda curta para agentes em pontos chave na Bacia do Amazonas.

2. A preparação das instalações para os seringueiros, o transporte para as áreas da produção, é da mesma forma um gasto primário a ser alcançado pelo fundo. Incluiria também a construção de casas e barracas, a construção de depósitos de remédios e abastecimentos (incluindo dispensários), transporte de alimentos e remédios para as áreas selecionadas e organização de agricultura de subsistências (incluindo provisão de sementes e utensílios) necessário para garantir os alimentos e minimizar as necessidades de importação de fora do sistema da Amazônia.

3. A distribuição de autoridade pública de alimentos, ferramentas, remédios e provisões para os seringueiros controlados de modo que seja necessário garantir que cheguem até eles.

4. Conforme o programa expande a imigração em grande escala na Amazônia, pode ser essencial. Está contemplado de que isso irá envolver as preparações em grande escala, com antecedência, do assentamento e, possivelmente, do auxílio dos transportes para a área e as operações durante um período preliminar.

Na medida em que o fundo é definido para oferecer os custos de desenvolvimento direto, os salários e as despesas gerais administrativas dos funcionários da Rubber Reserve no Brasil não devem, sob nenhuma circunstância, ser atendidos pelo fundo.

Com relação às organizações aqui propostas, com base no acima citado, o tratamento a seguir deve ser acordado. As provisões mencionadas em seu 1484 de 1 de maio[104] parecem ser comercialmente lucrativas e os problemas financeiros estão envolvidos. O fundo de US$ 500.000 dólares disponibilizados para este objetivo será restaurado adequadamente ao fundo para o reembolso. Por outro lado, o crédito de US$ 50.000 aberto para construir barracas e pagar o transporte não parece ser uma tarefa comercial e, assim, seria paga do fundo e reduziria o valor disponível. Os US$ 500.000 disponibilizados para os empréstimos especiais de acordo com o 1269 do Departamento de 18 de maio, seria, com a mesma base, os US$ 500.000 disponibilizados para financiamento para a compra de suprimentos. Os gastos de US$ 50.000 cada para projetos aprovados pelo McAshan na 1365 do Departamento de 27 de maio[105] presumidamente também não seria uma proposta comercial e, assim, seria paga completamente pelo fundo.

Diga se você e McAshan estão de acordo com o acima mencionado.

HULL

ALTERAÇÕES BANCÁRIAS PARA FACILITAR A NOVA INICIATIVA DA BORRACHA E A DEMANDA BRASILEIRA PARA RETER SUAS RELAÇÕES COMERCIAIS NORMAIS COM OUTRAS REPÚBLICAS LATINO-AMERICANAS

PARA FINANCIAR ESTE ambicioso empreendimento para aumentar a produção de borracha, o governo brasileiro criou o Banco de Crédito da Borracha (BCB), pelo decreto-lei 4.451, de 9 de julho de 1942. O BCB, com sede em Belém, tinha o direito exclusivo de comprar e vender a borracha bruta, tanto para exportação quanto para atender a indústria de fabricação do Brasil.[106] O governo brasileiro capitalizou o

FIGURA 50 – Banco de Crédito da Borracha.
Fonte: National Archives Building, Washington, DC (NAB).

banco ao comprar 55 por cento das ações. O governo americano, pela Rubber Reserve Company, comprou 40 por cento e os cinco por cento restantes das ações foram disponibilizadas para investidores brasileiros privados. O capital inicial total investido foi de 50.000 contos ou US$ 2,5 milhões.[107] A presidência do banco foi reservada para um cidadão brasileiro e a Diretoria era composta por dois norte-americanos e três brasileiros.

O objetivo do Banco de Crédito da Borracha era fazer empréstimos aos produtores e também indivíduos e empresas envolvidas na extração, comercialização e industrialização da borracha. O banco foi autorizado a prestar assistência financeira para: abastecer plantações de seringueiras, desenvolver transporte entre os centros de produção e os mercados de Belém e Manaus; preparar e colonizar as zonas mais produtivas para plantar e cultivar as melhores seringueiras identificadas pelo Instituto Brasileiro Agronômico do Norte; e organizar cooperativas de seringueiros e pequenos produtores.[108]

811.20 Defesa (MJ) Brasil/820 Telegrama

O Embaixador no Brasil (Caffery) ao Secretário de Estado[109]

RIO DE JANEIRO, sexta-feira, 10 de julho de 1942 — 8 p.m.

[Recebido às 9:27 p.m.]

2480. Para Finletter e Allen. Rubber Reserve. O decreto de lei presidencial de 9 de julho criou o Banco de Crédito da Borracha com capital de 50.000 contos [moeda brasileira da época] do qual o Governo Brasileiro irá subscrever 55%, Rubber Reserve 40% e o público brasileiro 5%. Os três diretores serão dois brasileiros e um americano. O Governo Brasileiro aprovou a indicação de E.E. Longas, diretor americano, mas ainda não nomeou seus diretores, sendo que um deles será o presidente do banco.

A propriedade de estoque proporcional foi alterada sem nosso conhecimento do acordo original de participação 50-50. Boucas explicou que a nova configuração é necessária de acordo com as exigências de lei corporativa no Brasil. As autoridades brasileiras nos garantiram que nenhum empréstimo, compromisso ou responsabilidade será concluído sem aprovação escrita do diretor americano. Esta é a primeira vez, sob a legislação bancária existente, que o Brasil permitiu acionistas e diretores estrangeiros e isso representa uma importante concessão aos EUA e assim é interpretado aqui.

Se tivéssemos sido consultados com antecedência, teríamos aprovado a alteração nas propriedades de estoque proporcional. Respeitamos os decretos e os estatutos do banco como satisfatórios e achamos que a medida irá facilitar bastante o financiamento de todo o programa da borracha.

Texto enviado por correio aéreo.
CAFFERY

A importância do comunicado acima em que anunciou que Vargas decretou uma grande mudança nas leis bancárias brasileiras demonstra a importância crítica de todo o projeto da borracha. Os dois governos se misturaram para planejar uma estrutura sob a qual os Estados Unidos poderiam transferir os fundos criticamente necessários para o projeto de coleta de borracha na Amazônia, os dois países se acomodaram para que as transferências bancárias pudessem começar imediatamente. Mesmo, se os Estados Unidos, pela lei do Brasil, não pudesse ser um parceiro igual na estrutura bancária criada, ficou claro que os EUA tinham poder de veto em qualquer transação questionável.

"O Banco de Crédito da Borracha foi um desafio direto aos interesses das grandes empresas da Amazônia, que fizeram fortuna ao comercializar produtos superfaturados e alimentos importados para as plantações de seringueiras em crédito em troca de futuras entregas da borracha bruta e outros produtos primários da floresta. Os postos de comercialização nas plantações superfaturaram para abastecimento vital e alimentos e pagaram baixos preços artificialmente para a produção de borracha bruta dos extratores. Os seringueiros não eram pagos em dinheiro; eles tinham contas contínuas com os postos de comercialização das suas plantações, em que eram obrigados a quitar antes que pudessem partir."[110]

149

811.20 Defesa (M) Brasil 935: Telegrama

*Encarregado no Brasil (Simmons) para
o Secretário de Estado*[111]

RIO DE JANEIRO, 1 de agosto de 1942— 8 p.m.

[Recebido em 2 de agosto — 3:27 a.m.]

2832. Para Clayton, Finletter, Hays[112], Bicknell[113] de Allen, McAshan, Micou.[114] Para confirmar a conversa telefônica de hoje com Cooke.[115] O Brasil solicitou que os pneus e tubos para envio para outros países americanos, que não os EUA, não sejam comprados pela Rubber Serve, mas que sejam vendidos e enviados pelo Brasil a tais países, conforme o acordo entre o Brasil e a Rubber Reserve, segundo o qual o Brasil concordaria que os envios de pneus e tubos do Brasil para cada um desses países não ultrapassasse a quota estabelecida pelos Estados Unidos para as necessidades essenciais de cada um deles.

A razão para esta solicitação do Brasil é que o Brasil deseja reter suas relações comerciais normais com os países em questão e não quer parecer que tem esse comércio sob o controle direto dos EUA. Nesta concentração, o Ministério das Relações Exteriores do Brasil enviou uma nota importante à Embaixada expressando esse ponto de vista e assumindo a posição de que o acordo da borracha entre o Brasil e os EUA contemplava somente que o Brasil venderia aos Estados Unidos o excedente que pode ser exportado de borracha bruta e manufaturada para atender às necessidades dos Estados Unidos, mas não a redistribuição por parte dos EUA aos outros países da América. O Governo Brasileiro se sente muito forte sobre esta questão de que eles retiveram as permissões de exportação cobrindo os envios de pneus ao Peru, agora em processo de carga, mas conseguimos fazer com que concordassem com a questão das licenças mediante o entendimento de que esta questão seria explorada com vista a considerar um ajuste dos arranjos atuais para a compra de pneus e tubos no Brasil pela Rubber Reserve para distribuição a outros países.

O acordo com o Brasil limitando o consumo de borracha bruta dentro do país e o acordo relacionado à compra de pneus e tubos está na carta de Allen a Boucas, com data original de 27 de abril de 1942, posteriormente alterada e com nova data de 2 de maio.[116] Esta carta deve ser lida em conjunto com o memorando apresentado à Comissão

Brasileira, em 28 de abril de 1942, definindo os princípios acordados. Esses dois documentos estão anexados ao relatório número 3 do Allen, item número 8.[117] Os acordos mencionados foram reconhecidos pelo Brasil na prática, mas não foram oficialmente confirmados. O Brasil ainda não assumiu a posição de que o acordo não está em vigor. Porém, deve ser lembrado que o acordo para limitação de consumo de borracha bruta no Brasil foi um ato de cooperação totalmente voluntário por parte do Brasil e foi acordado pelo Brasil, apesar das cláusulas específicas do acordo da borracha entre o Brasil e os EUA, que contemplavam a expansão da fabricação de borracha no Brasil. Em vista desta situação, é importante que os Estados Unidos evitem qualquer aparência de controle arbitrário ou por ditado e como o Brasil concorda especificamente em manter suas vendas e envios de pneus e tubos para os outros países americanos dentro das quotas estabelecidas pelos EUA, o objetivo principal dos Estados Unidos é atendido. Além disso, a solicitação do Brasil está, em nossa opinião, de acordo com o entendimento definido no memorando dos princípios acordados pela Rubber Reserve e pelo Brasil, que era a base para o acordo definido na carta de Allen a Boucas.

Se a solicitação das autoridades brasileiras for atendida, deve ficar claro que é sem prejuízo aos nossos direitos no parágrafo 7 do Acordo da Borracha principal de 3 de março.[118]

Em todos os casos, tentaremos negociar, no início da próxima semana, um acordo que permita que os fabricantes e exportadores brasileiros comprem e enviem a partir do estoque da Rubber Reserve presente no Brasil para liquidar nossos estoques primeiro, antes que a nova produção seja exportada. Também iremos nos esforçar para organizar para a continuação do sistema, segundo o qual compramos todos os pneus e vendemos para compradores brasileiros ou estrangeiros para exportação, já que o Sr. Cooke nos informou que a produção do Brasil é quase equivalente à necessidade total das outras repúblicas do hemisfério ocidental. Para facilitar essas discussões, transfira as distribuições do terceiro trimestre de cada uma dessas repúblicas e as cláusulas que definem qualquer outra distribuição.

Se não for possível fazer as mudanças sugeridas por Cooke, recomendamos ceder a solicitação do Brasil definida na parte inicial desta transmissão e sujeita às condições estabelecidas, caso contrário, tememos pela ruptura de todo o acordo de consumo.
[Allen, McAshan, Micou]
SIMMONS

Não obstante as muitas trocas entre os dois governos, em uma busca para encontrar o entendimento comum sobre como a borracha brasileira tinha que ser distribuída, ainda havia uma questão muito séria não resolvida. Os brasileiros pensaram que tinham a preponderância como análise final, eles controlavam a produção da borracha e, quando insistiram, os produtores brasileiros venderam os produtos diretamente a outras repúblicas americanas, os Estados Unidos contradisseram. A concessão pelos brasileiros foi de que eles não excederiam as quotas, o que foi determinado pelos Estados Unidos para cada uma das repúblicas envolvidas, mas que o Secretário de Estado americano Hull voltou atrás com o seguinte memorando com outros sérios problemas. O memorando dá detalhes cuidadosos do que o Secretário Hull achava que tinha que ser a base do acordo final. Na opinião dos brasileiros, a razão pela insistência em manter o controle da entrega dos produtos de borracha a outras repúblicas era que não queriam parecer que estavam sob controle do governo norte-americano, mas Hull, em seu memorando, solucionou este problema ao sugerir que os Estados Unidos e o Brasil conjuntamente aceitassem as ordens de outras repúblicas a serem cumpridas diretamente no Brasil ou nos Estados Unidos.

811.20 Defesa (M) Brasil/959: Telegrama

O Secretário de Estado para o embaixador
no Brasil (Caffery)[119]

WASHINGTON, quarta-feira, 12 de agosto de 1942 — 10 p.m.

2251. Seu despacho 8073, 31 de julho[120], e Telegramas 2832, 1 de agosto e 2855, 3 de agosto.[121] Há certas vantagens marcantes e importantes que os arranjos atuais nos produtos manufaturados brasileiros proporcionam ao Brasil. Em primeiro lugar, o Brasil tem a garantia de que é um mercado para esses produtos pelos termos do contrato a um preço fixado pelo Brasil. Pelos arranjos agora em vigor a Rubber Reserve comprou quase 3 milhões de dólares de pneus brasileiros. A Rubber Reserve paga em dinheiro imediatamente. O fabricante não tem que esperar o envio estar disponível antes de pegar o dinheiro. A Rubber Reserve compra os pneus e coloca-os em um depósito e paga os valores do depósito, um arranjo que permite que as operações normais dos fabricantes não sejam afetadas pela situação do envio. Em troca, os fabricantes podem manter seus trabalhadores em emprego estável. Eles garantem um mercado certo por 5 anos, em uma época em que o consumo de pneus no Brasil tinha sido reduzido drasticamente e a demanda em outros países não pode ser considerada segura. Para nós, parece improvável que o Brasil pudesse obter tarefas similares de outras fontes.

Também se deve lembrar que este Governo está abastecendo os fabricantes com vários materiais necessários para a fabricação de pneus, como fios de latão, que o Brasil não consegue obter em nenhum outro lugar. Este governo também está considerando bastante a aplicação pela Goodyear Company do Brasil para exportar máquinas para a fabricação de correias de borracha.

Atuando em confiança dos arranjos definidos por Allen e, de acordo com a prática das autoridades brasileiras, a Rubber Reserve comprometeu-se a fornecer pneus na quantidade específica para Colômbia, Peru e outros. Este Governo também dá tarefas a todas as outras repúblicas americanas para fornecer as necessidades indispensáveis para os pneus. Veja o telegrama circular do Departamento de 18 de maio.[122] Essas tarefas foram assinadas em uma solicitação urgente do Governo Brasileiro e assumiu-se que o excedente que pode ser exportado dos pneus brasileiros estaria disponível para preencher. Mesmo se a tarefa definida na carta de Allen de 2 de maio[123] não foi reconhecida formalmente, não pode haver ambiguidade sobre o significado do parágrafo 7 do acordo de 3 de maio, que Boucas aconselhou e tinha sido liberado por telefone pelo Presidente Vargas. Além disso, o seguindo parágrafo do memorando de Allen dado a Souza Costa, Boucas e Truda em 28 de abril[124] não deixa dúvidas sobre as intenções e entendimentos deste Governo ao fazer os arranjos propostos ao Brasil.

Além das vantagens do sistema atual para o Brasil e sem considerar o status contratual, as seguintes considerações aparecem para deixar o abandono do sistema atual inoportuno.

1. Este Governo não tem o desejo de limitar ou interferir nas relações comerciais do Brasil com outras repúblicas americanas ou obter controle de qualquer dessas relações.

2. Há uma quantidade limitada e pequena de produtos de borracha disponíveis para as necessidades indispensáveis das repúblicas americanas. É insistentemente necessário que a distribuição dos produtos disponíveis deva ser feita igualmente e com base nas especificações essenciais da guerra dos países.

3. O Governo Brasileiro irá avaliar que a distribuição correta possa ser realizada somente por controles adequados. Um comprador em particular não deve ter um número desproporcional de pneus. As informações sobre tamanho e tipo devem ser consideradas em cada caso para determinar se o pedido é justificado. As vendas não podem ser feitas para compradores indesejáveis. Os envios devem ser organizados de modo a coordenar o espaço de envio disponível com as necessidades de consumo. Os fornecimentos devem ser integrados de modo que disponibilizem um grupo para atender os pedidos para vários tipos e tamanhos. Caso contrário, o atendimento aos pedidos não será eficiente. A Rubber Reserve está preparada para criar esse grupo e manter os estoques equilibrados.

4. Esse governo levou dois anos para estabelecer os controles adequados para exportação daquele país.

A operação sob o maquinário de controle é entendida e aceita por vários países importadores.

5. Não é suficiente estabelecer quotas para exportação do Brasil sem mais implementações. É extremamente questionável se o Brasil sustentaria estritamente o sistema de quota sob a pressão diplomática ou de política interna. Em todo caso, certas necessidades de pneus e de outros produtos devem ser atendidas a partir desse país (incluindo, no caso do Brasil, pneus para aviões e outros equipamentos para as Forças Armadas Brasileiras), pois não podiam ser fabricados no Brasil. Informações como as de envio do Brasil e dos Estados Unidos devem ser coordenadas de modo que fiquem disponíveis ao passar em qualquer envio particular de qualquer país.

6. O contrato, que agora está sendo negociado com o México[125], contempla que o México irá vender aos Estados Unidos seu excedente de produtos fabricados que podem

ser exportados. De modo concebível, a Venezuela pode se tornar um exportador de pneus. Então, está bem claro que uma única entidade deve administrar a distribuição dos pneus disponíveis para exportação nesse país, Brasil, México e em qualquer outro país exportador.

7. Deve-se estabelecer um sistema de controle na Embaixada, mas isso resultaria na duplicação de mão de obra e quase uma conferência sem fim entre a Embaixada e as agências aqui.

8. Como uma questão teórica, a entidade administrativa poderia ser uma comissão interamericana. Para nós, parece desesperador pensar que essa comissão possa funcionar de modo eficiente em um futuro próximo. Este governo está preparado para considerar o estabelecimento de uma agência, caso seja considerado necessário. Porém, até que seja estabelecida, a disposição dos pneus do Brasil deve continuar sujeita à supervisão deste Governo, que é a única entidade em posição de dar tal supervisão.

A substância do arranjo atual é esta: o Governo do país a que os pneus serão enviados emite um certificado de necessidade para um importador naquele país. Em troca, o importador encaminha o certificado junto com o pedido a um exportador seja no Brasil ou nesse país. O exportador encaminha uma solicitação de exportação ao Escritório de Exportação do Conselho Administrativo de Combate Econômico e, se o pedido for aprovado, a Rubber Reserve vende os pneus ao exportador, que realiza a transação com o importador. O exportador tem todos os contratos com o importador de um modo comercial normal, a transação meramente está sujeita à aprovação da exportação, não com relação a seus aspectos comerciais, mas sim para manter uma distribuição igual de um material escasso. Você irá perceber que os pedidos podem ser feitos com exportadores brasileiros ou nesse país. Os últimos serão incluídos, pois os importadores de pneus nos países consumidores estavam acostumados a lidar com exportadores naquele país e o Brasil era exportador de pneus. Este último fato significa que não é preciso para o Brasil falar sobre manter as relações comerciais normais. Na verdade, o Brasil quer estabelecer novas relações; naturalmente, esse Governo não tem nenhuma oposição a esse objetivo. Se o acordo para a compra e distribuição continuada dos pneus brasileiros pela Rubber Reserve pudesse ser alcançado pela exclusão dos exportadores nesse país, não seria um obstáculo insuperável ao fornecer os pedidos já feitos e aceitos pela Rubber Reserve dos exportadores nesse país.

Se fosse mais satisfatório ao governo brasileiro ter a solicitação feita com o escritório da Rubber Reserve no Rio de Janeiro, seria totalmente aceitável aqui. Claro que, neste caso, as solicitações seriam enviadas ao Conselho Administrativo de Combate Econômico aqui para consideração.

A Rubber Reserve também estaria totalmente de acordo em disponibilizar as informações das agências brasileiras apropriadas para pedidos recebidos, envios feitos, etc.

Para evitar implicações do tipo mencionado no parágrafo 9 da nota de Relações Exteriores de 25 de julho de 1942[126], o Brasil podia notificar as outras Repúblicas de que o Governo do Brasil e os Estados Unidos concordaram que estaria disponível no Brasil ou nos Estados Unidos uma quota específica para o próximo trimestre e que essas quotas poderiam ser obtidas pelos procedimentos acima mencionados. Assim, o Brasil teria crédito para atender às necessidades e, ao mesmo tempo, os pedidos estariam sujeitos aos controles considerados necessários aqui. As quotas para o trimestre seguinte tinham sido enviadas com a carta da Rubber Reserve para 1 de agosto a McAshan.

9. A substância do acima citado é que é desejável continuar o arranjo atual, possivelmente excluindo os exportadores nesse país do procedimento e, possivelmente, oferecendo os pedidos de registro junto ao escritório da Rubber Reserve no Rio. Aqui se sentia que uma alteração ao sistema de quotas administrado pelo Brasil iria resultar em um completo colapso no programa de conservação bem encaminhado nas outras repúblicas americanas.

Informe McAshan e Micou sobre o acima citado. Acordado pelo embaixador Caffery, Donnely, Rubber Reserves e Conselho Administrativo de Combate Econômico.

(Repita para Allen) HULL

811.20 (M) Brasil/1045: Telegrama

Encarregado no Brasil (Simmons) para
o Secretário de Estado[127]

RIO DE JANEIRO, 15 de agosto de 1942 — 7 p.m.

[Recebido às 10:05 p.m.]

3069. Para Cooke, Rubber Reserve de McAshan. Consulte a conversa telefônica de hoje. Como resultado de várias conferências, a Comissão Brasileira de Souza Costa propõe confirmar por escrito seu acordo completo aos termos e métodos definidos na nossa carta a eles da cópia de 10 de agosto enviada por correio aéreo em 10 de agosto[128], desde que concordamos com uma troca de notas entre as Relações Exteriores Brasileiras e a Embaixada Americana, no Rio, definindo as condições abaixo:

(1). A Rubber Reserve irá indicar mensalmente à Comissão para o Controle dos Acordos de Washington[129] as quantidades de pneus disponíveis que podem ser exportadas às repúblicas americanas.

(2). Pelo acordo mútuo, a Comissão para o Controle dos acordos de Washington e a Rubber Reserve irão determinar os países a quem poderão ser feitas as exportações, estabelecendo também as respectivas quantidades.

(3). A exportação deve ser feita diretamente do exportador para o importador, isto é, pelos canais normais de comércio.

(4). O Governo do Brasil deve ter a responsabilidade exclusiva de estabelecer a comunicação àqueles governos interessados com relação às quotas cedidas para cada um deles.

(5). Para outros produtos de borracha manufaturados que são ou serão fabricados no Brasil, os governos brasileiros e americanos concordam em estabelecer um plano para atender os outros países desse hemisfério sob as mesmas condições estabelecidas para pneus e tubos.

Depois, eles leem a tradução aproximada do anúncio proposto que é:

"De acordo com o contrato da borracha entre o Brasil e os Estados Unidos, com data de 3 de março, dá aos EUA o direito de comprar todo o excedente que pode ser exportado da borracha bruta e manufaturada do brasil, o governo brasileiro, em cooperação com os Estados Unidos, organizou-se para assumir parte da responsabilidade em atender às necessidades essenciais dos outros países americanos para aqueles artigos de borracha fabricados que podem ser feitos melhor no Brasil e também ter o melhor envio. As quantidades desses artigos devem ser definidas com antecedência, trimestralmente, para os países de destino. O compromisso para... trimestre... ano... para envio desde o Brasil até o país será de... pneus e tubos para passageiro e para caminhões."

Com relação à condição número 2 acima, a Comissão Brasileira concordou verbalmente com uma liberação completa com Washington, com antecedência, para seguir a destinação de verba de Washington para cada país, menos a quantidade, que pode ser melhor atendido pelos Estados Unidos, em vez do Brasil. Embora as autoridades brasileiras tenham declinado colocar especificamente nas notas trocadas, pode ser possível obter um compromisso deles em uma carta separada a nossa Embaixada.

Com relação ao número 3 acima, a Comissão Brasileira concordou sobre os procedimentos de Certificados de Necessidade no telegrama 2251 do Departamento, de 12 de agosto, os certificados dados podem ser liberados pela Rubber Reserve, Rio de Janeiro.

Micou solicitou que as condições acima, principalmente a número 2, fossem liberadas com o Coronel Lord[130] e Peurifoy[131] para possível efeito no programa do Conselho Administrativo de Combate Econômico para distribuir as necessidades essenciais para os outros países americanos.

Estimamos sua liberação da contraproposta acima com as Agências e Departamentos interessados em Washington e também o telefonema ou telégrafo passando suas instruções.

[McAshan]

Simmons

811-20 Defesa (M) Brasil/ 1084 Telegrama

Encarregado no Brasil (Simmons) para
o Secretário de Estado[132]

RIO DE JANEIRO, quinta-feira, 20 de agosto de 1942 — 9 p.m.

[Recebido em 21 de agosto — 12:42 a.m.]

3166. Para Cooke, Rubber Reserves de McAshan. Ontem discutimos longamente com Boucas o procedimento para exportação de pneus e tubos. Enquanto ele concorda com o controle do preço para exportação e se compromete em aceitar as distribuições enviadas com antecedência de cada trimestre por Washington, ele não pode registrar por escrito o fato de que o Brasil irá seguir as quotas fixadas somente pelos Estados Unidos. Além disso, a Comissão é totalmente relutante em concordar com os Certificados de Necessidade a serem enviados do Rio de Janeiro para Washington para processamento, mas insiste que, se for feito entre os representantes da Rubber Reserve e a Comissão, poderíamos concordar.

Eles querem um encontro formal conosco para concluir todo o programa até segunda-feira, no máximo. Estamos autorizados a concluir os arranjos com base no acima mencionado, além das notas trocadas por nosso telegrama 3069, de 15 de agosto, 19h, serão realizados prontamente entre as Relações Exteriores do Brasil e a Embaixada Americana no Rio?

SIMMONS

811.20 Defesa (M) /1084/Telegrama

O Secretário de Estado para o Embaixador
no Brasil (Caffery)[133]

WASHINGTON, 21 de agosto de 1942 — 11 p.m.

2396. Para McAshan. Sua carta 341, 10 de agosto[134], e os telegramas 3069, 15 de agosto, 3166, 20 de agosto. Abaixo estão as conclusões depois das discussões por Departamento, Conselho Administrativo de Combate Econômico, Rubber Reserve e Donnelly, para isso, tente proteger a aceitação brasileira.

1º Se os pneus brasileiros devem ser distribuídos igualmente e com base nas necessidades indispensáveis, o acordo sobre todas as transações deve ser obtido em Washington. Sugere-se que as solicitações e os pedidos sejam apresentados pela Comissão para o controle dos Acordos de Washington para a Rubber Reserve, Rio de Janeiro. Este último pode informalmente avisar a Rubber Reserve, Washington, por telégrafo ou por outro meio sobre os fatos necessários para aprovar o julgamento. O acordo entre os dois Governos não precisa, claro, referir-se a nada, exceto à aprovação da Rubber Reserve, Rio de Janeiro; acredita-se aqui que, pelos arranjos especiais com o Conselho Administrativo de Combate Econômico, cada transação pode ser processada aqui em 48 horas depois do recebimento. A razão para esse procedimento é que se acredita que há pouca informação no Rio de Janeiro para a consideração adequada das solicitações feitas. Não tem os nomes das pessoas na Lista Proclamada nos outros países; esta lista muda de um dia para o outro. Não está em uma posição de aprovar com base na importância dos projetos particulares para qual os pneus podem ser necessários; Washington detalhou as informações de acordo com o objetivo e o status desses projetos.

2º Washington deve ter o direito de aprovar e, se necessário, direcionar as distribuições. Há compromissos com outras repúblicas americanas. Foi feito um compromisso geral no telegrama circular do Departamento de 18 de maio[135] e em todos os acordos com os países produtores de borracha, este governo concordou em usar os melhores esforços para fornecer as tonelagens especificadas dos produtos de borracha. Além disso, esse Governo concordou com certos países para fornecer números específicos de pneus. Por exemplo, no acordo com a Colômbia, este Governo prometeu fornecer 20.000 pneus imediatamente e mais 30.000 em um ano. Foram feitas distribuições de emergência para Peru, Chile e República Dominicana em quantidades específicas. Ao fazer essas distribuições, este Governo confiou na disponibilidade dos pneus brasileiros. O que acontece se a disposição dos pneus brasileiros não estiver de acordo com nossos compromissos?

Não sabemos se o Brasil poderia resistir à pressão diplomática e interna antecipada e acreditamos que possa ter parecido vantajoso se livrar disso.

Lamentamos que pareça impossível concordar com o procedimento proposto. Se possível, sugere-se que atrase qualquer ação final até o retorno de Donnelly; ele está totalmente informado sobre nossa posição e concordamos com isso.

HULL

811-20 Defesa (Mo Brasil/1182: Telegrama

O Embaixador no Brasil (Caffery) ao Secretário de Estado[136]

RIO DE JANEIRO — 31 de agosto de 1942 – meia-noite
[Recebido 1 de setembro-6:18 a.m.]

3343. Para Levy[137], Cooke, Bicknell, de Hays, Micou, McAshlan.
A Comissão de Boucas concordou, nesta noite, recomendar aos
ministros de Relações Exteriores e Finanças[138] uma troca de notas
entre o escritório de Relações Exteriores do Brasil e a Embaixada
Americana no Rio da seguinte maneira:

1. Considerando o Acordo de 3 de março, assinado em
Washington entre o Brasil e os Estados Unidos, pelo qual
o Governo Americano concordou em adquirir do Brasil
todo o excedente que pode ser exportado de borracha bruta
e manufaturada e, considerando também que, dentro do
espírito destacado na Terceira Conferência dos Ministros
de Relações Exteriores das Repúblicas Americanas, existe
uma necessidade de cooperação real entre todos os países
das Américas, os governos do Brasil e dos Estados Unidos
resolvem estabelecer, por mútuo acordo, um sistema para
determinar a distribuição do fornecimento de pneus e tubos
às nações do Hemisfério Ocidental;

2. Para cuidar das necessidades de guerra e considerar a defesa
das Américas, em um plano geral de abastecimento, o Governo Americano, usando os serviços de estatística que estão à
disposição para determinar as necessidades das Repúblicas
Americanas, referente aos pneus e tubos irá propor ao Brasil
as distribuições que o Brasil deve fornecer a cada uma.

3. Nessas condições, periodicamente, e por mútuo acordo
com os Estados Unidos, o Brasil informará diretamente
para os outros países interessados as distribuições fixadas
para cada trimestre;

4. A exportação será feita diretamente do exportador para o
importador, ou seja, pelos canais normais de comercialização;

5. Para outros artigos de borracha manufaturados que são
ou serão produzidos no Brasil, os governos brasileiro e
americano concordam mutuamente em estabelecer um local
(plano?) para atender as outras nações desse hemisfério
sob os mesmos métodos estabelecidos para pneus e tubos.

Não temos certeza se o Ministro das Relações Exteriores irá aceitar a última frase do parágrafo 2 acima, mas a comissão de Controle recomenda muito. Podemos confirmar com eles oficialmente de que você aceita o trabalho acima por uma troca de notas, estabelecendo as condições que regem os mecanismos de exportação dos produtos de borracha manufaturados do Brasil sob o principal Acordo da Borracha de 3 de março?

Em caso positivo, esteja preparado para telegrafar as distribuições dos terceiro e quarto trimestres de 1942, cobrindo pneus e tubos a serem fornecidos do Brasil a qualquer país do hemisfério ocidental, para envio imediato às autoridades brasileiras, tão logo seja confirmada a aceitação.[139]

A Comissão de Boucas também concordou em escrever uma carta separada confirmando que os Certificados de necessidade serão enviados a Rubber Reserve Rio para aprovação antes que qualquer autorização de exportação seja dada e a borracha da [Rubber Reserve] Rio terá tempo para liberar todos esses certificados com Washington por telégrafo. Depois, a Comissão de Boucas irá confirmar para nós, em uma carta separada, que os preços de revenda dos exportadores para os outros países americanos não serão maior que 10% acima do preço que a Rubber Reserve libera os estoques de pneus e tubos para aqueles exportadores, ambos com base em transporte por barco a vapor f.o.b. [Hays, Micou, McAshan].

CAFFERY

Depois de semanas de idas e vindas de disputas entre os oficiais do mais alto escalão nos dois governos, finalmente houve um acordo. Os dois lados tinham que ceder um pouco sobre vários pontos, mas, quando os brasileiros deixaram claro que não queriam que o mundo pensasse que eles estavam sendo controlados pelo governo dos EUA, os oficiais norte-americanos finalmente descobriram uma maneira de satisfazer os brasileiros e avançar. Pode ter sido o momento mais crítico em uma negociação prolongada para a borracha brasileira, que começou em 3 de março de 1942, e foi até o mês de setembro, finalmente resolvendo as questões de um acordo monumental entre os dois países, que finalmente forneceria a borracha fundamental necessária para ganhar a Segunda Guerra Mundial.

Capítulo 12

O PONTO DE INVERSÃO

O QUE PODE TER SIDO O PONTO DE INVERSÃO na decisão final para apoiar os Estados Unidos e os Aliados foi "Em agosto de 1942, submarinos alemães afundaram seis navios de passageiros e carga brasileiros na costa do Nordeste, matando muitos civis, incluindo mulheres e crianças. Os ataques de submarino aos navios comerciais brasileiros interromperam o abastecimento de alimentos do sul do Brasil até a Amazônia e o Nordeste, causando sérias reduções de comida. Tendo assumido a responsabilidade por alimentos e também programas de saúde nos Acordos de Washington, a CIAA de Nelson Rockefeller respondeu rapidamente ao negociar um acordo de assistência técnica com o Brasil para melhorar os métodos de produção de alimentos no Nordeste, com a meta de reduzir a dependência de alimentos básicos do Sul".[140]

Com as tropas norte-americanas estacionadas em uma faixa das bases militares pela costa do Nordeste brasileiro, a política da Administração de Roosevelt era ajudar a região durante esta crise de alimentos na guerra. Tradicionalmente, o sul do Brasil abastecia a Amazônia com alimentos básicos, incluindo trigo, milho, carne, café, açúcar e óleo de cozinha, recebendo borracha natural, minerais e produtos da floresta em troca. Exceto para Marajó, Bragantina e algumas outras regiões do Pará, a Amazônia não produzia alimentos em escala comercial. Devido às constantes ameaças de ataques submarinos nos envios marítimos, o comércio entre o sul e o norte do Brasil ficou esporádico e não confiável, os preços para alimentos aumentaram na Amazônia e a escassez ficou aguda. Até mesmo Manaus sofria com a escassez de alimentos durante a guerra. A RDC e SAVA concordaram em cooperar na manutenção dos estoques de alimentos e abastecimento básico essencial nos portos da Amazônia, incluindo açúcar, arroz, café, banha de porco, sal, trigo, tabaco, fósforos, carne conservada, machados, facas, luminárias, querosene, anzol, rifles, pólvora e tecido. Nenhuma estrada conectava o sul do Brasil ou qualquer outra região do país à Amazônia. Protegido por comboios militares, os abastecimentos viajavam pela costa do Atlântico até Belém.[141]

FIGURA 51 – Estoques de alimentos mantidos por RDC e SAVA.
Fonte: National Archives Building, Washington, DC (NAB).

Os acordos entre os governos de FDR e Getúlio Vargas, que restringiram o uso da borracha natural para tudo que não o esforço de guerra, encontraram um grande problema de resistência no mercado brasileiro. As manufaturas, que tinham desenvolvido muitos produtos de borracha, como brinquedos, linhas de costura, sapatos, etc., estavam extremamente desapontadas pelas restrições acordadas entre os governos de Vargas e Roosevelt. O acordo cobrindo essas restrições foi explicado, e os Estados Unidos insistiam na estrita aderência. Os Estados Unidos não eram exceção, já que todo quilo de borracha extraído da Amazônia era usado para estimular os esforços de guerra.

811.20 Defensa (M) Brasil/1355a: Telegrama

O Secretário de Estado para o Embaixador no Brasil (Caffery)[142]

WASHINGTON, 15 de setembro de 1942 — 10 p.m.

272. Aqui é considerado urgente que o acordo imediato seja atendido com o Governo Brasileiro para estabelecer preços mutualmente satisfatórios para a compra dos produtos de borracha pelos Estados Unidos (supostamente pela Rubber Reserve Company), conforme contemplado pelo parágrafo 7 do Acordo da Borracha de 3 de março. Os preços foram estabelecidos para a compra de pneus, mas achamos que agora devemos nos esforçar para estabelecer os preços para outros produtos de borracha manufaturados.

Houve correspondência entre Korkegi[143] e Rubber Reserve, com relação ao problema de corte de produção de produtos de borracha não essenciais, como linha, brinquedos, etc. O objetivo atual da Rubber Reserve e BEW[144] não é só obter a cooperação do Governo Brasileiro no corte da fabricação de produtos de borracha não essenciais, mas também auxiliar na conversão das instalações existentes para a produção dos produtos essenciais. Para isso, a Rubber Reserve está pronta para comprar o excedente do estoque de produtos de borracha manufaturados existentes mantidos pelos fabricantes e mediante as recomendações específicas da Comissão de Compras dos Estados Unidos no Brasil e, supondo que esse corte possa ser cumprido, a Rubber Reserve irá ajudar na conversão, dependendo do mérito em cada caso.

Algum sistema de controle deve ser estabelecido pelo Governo Brasileiro pra restringir o máximo possível a fabricação de produtos de borracha variados, exceto pneus e a possível proibição de fabricação de produtos não essenciais, como linhas, brinquedos, etc. Seria apropriado que o Governo Brasileiro exercitasse o controle sugerido da distribuição da borracha bruta aos fabricantes e que a agência apropriada desse Governo auxilie no controle, ao licenciar os envios de produtos químicos e suprimentos para tais fabricantes desse país.

Que esta questão é de grande urgência está indicado nos relatórios do Korkegi de que o fabricante dos produtos de borracha não essenciais no Brasil definitivamente está aumentando, conforme ilustrado por uma conta do aumento da produção dos fios de borracha, no caso de um fabricante, de 800 kg para 1400 kg, por dia, e que o atual excedente desse produto é estimado em 35 toneladas por mês.

HULL

811-20 DEFESA (M) BRASIL/1521

O Chefe Assistente da Divisão dos Materiais de Defesa (Cissel) para o Chefe da Divisão das Repúblicas Americanas (Bonsal)[145]

WASHINGTON, 2 de outubro de 1942

Sr. Bonsal: Telegrama 3937, 1 de outubro do Rio[146] solicitou que telefonássemos para Donnelly e Russell[147] com relação ao acordo de pneu e tubos. Isso foi feito hoje de manhã. Donnelly aconselhou que eles tivessem uma conferência mais longa com o Ministro de Relações Exteriores ontem e que obtivessem o acordo completo sobre o contrato de pneu e tubos na forma enviada por Allen com as alterações solicitados no telegrama do Departamento de 24 de setembro.[148] Várias alterações adicionais foram sugeridas por Aranha. O mais importante era:

O acordo agora diz que 25% dos pneus fabricados no Brasil serão vendidos aos Estados Unidos. O Brasil quer o direito de aumentar ou diminuir esse número, desde que a produção não ultrapasse as 10.000 toneladas. Donnelly disse que o ministro de Relações Exteriores fez uma declaração forte, segundo a qual, a conservação estrita dos pneus seria instituída no Brasil e que, em sua operação, não é prudente tentar ter um melhor arranjo neste ponto. Em vista disso e do fato de que a falta de petróleo reduziu automaticamente o uso de pneus no Brasil, estava decidido aceitar a proposta.

As outras alterações foram aceitas e Donnelly foi instruído, com cooperação da Rubber Reserve Company, do Conselho Administrativo de Combate Econômico e eu mesmo, em nome do Departamento, para continuar com a execução deste acordo[149], que se espera para hoje à tarde ou amanhã de manhã.

Enquanto o assunto não foi mencionado especificamente, coletei da conversa telefônica de que toda dificuldade com relação à resignação proposta de Boucas foi eliminada.

832.796/103: Telegrama

O Embaixador no Brasil (Caffery) ao Secretário de Estado[150]

RIO DE JANEIRO, 3 de outubro de 1942 — 5 p.m.

[Recebido às 11 p.m.]

3970. 2894 do Departamento, 30 de setembro, 11 p.m.[151] Conforme relatado em meu telegrama de 3841, de 26 de setembro, 5 p.m., a permissão foi oficialmente concedida para a rota Miami-Manaus. Não é necessário nenhum contato entre a Defense Suppliers Corporation e o Governo Brasileiro para este serviço e a Defense Supplies Corporation pode fazer contato com a transportadora.

Estamos esperado a ação favorável do Ministro da Aeronáutica[152] sobre s rotas Pará-Iquitos e Manaus-Guajara Mirim. Ele irá autorizar a Defense Supplies Corporation a entrar em contato com qualquer companhia aérea brasileira que desejar para essas rotas. Como no caso de Manaus-Miami, não é necessário nenhum contato entre a Defense Supplies Corporation e o Governo Brasileiro.

Tão logo o acordo geral cobrindo o transporte aéreo para o programa da borracha esteja aprovado (provavelmente atrasará uma semana, por causa da ausência do Ministro da Aeronáutica em Buenos Aires), o Ministro irá nomear funcionários da Defense Supplies Corporation e a Rubber Reserve nas mesmas cidades, com base no acordo geral. Detalhadamente, significa que a aprovação específica para a construção de aeroportos em locais mutuamente selecionados, etc.

Toda a questão do acordo cobrindo as atividades de transporte aéreo para o programa da borracha foi realizada diretamente pelo Ministro da Aeronáutica, como uma etapa para implementar o acordo assinado em Washington, no dia 3 de março. Os Ministros da Aeronáutica e das Finanças não são necessários, e a Embaixada acredita na insistência de que esse procedimento pode complicar e atrasar as questões.

Uma cópia e a tradução do rascunho do acordo que foi favoravelmente relatado pelo Diretor da Aviação Civil[153] (também é acertado para Boucas e o Ministro das Finanças), e está esperando a sanção final pelo Ministro da Aeronáutica, estão sendo trazidas hoje por correio aéreo.[154]

Caffery

811.20 Defesa (M) Brasil/1764a: Telegrama

O Secretário de Estado para o Embaixador no Brasil (Caffery)[155]

WASHINGTON, 27 de outubro de 1942 — 10 p.m.

3259. Seu 4325 de 22 de outubro 3 p.m.[156] O Departamento e outras agências interessadas em Washington ficarão satisfeitos para examinar conjuntamente com os governos do Brasil e do Uruguai as especificações do pneu para o Uruguai, conforme estimado pelas autoridades locais.

Com relação a outros países, como Colômbia, Venezuela, Peru, Equador e Bolívia, as distribuições foram acertadas por acordo entre os governos daqueles países, em cada caso, com os Estados Unidos. O ressentimento nas outras repúblicas americanas surge do atraso no envio das distribuições acordadas; este atraso é causado unicamente pelas negociações prolongadas e os atrasos no Rio. A Argentina ofereceu alegremente para assinar os acordos para fornecer pneus ao Equador, etc. No caso de não conseguirmos atender nossas obrigações.

O Departamento entende que o caso uruguaio pode ser especial, por razões políticas ou de outra importância para o Brasil; mas antes a "reconsideração de todo o plano de distribuição dos pneus", gostaríamos de ter informações específicas se o ressentimento do Brasil é contra os vários acordos bilaterais de distribuição de pneus, mencionados acima; ou se está recomendando, por insistência do Governo Brasileiro, a jogar fora e negociar novamente nas trocas de notas de 3 de outubro de 1942 (anexos 4 e 8 do seu despacho 8678 de 7 de outubro de 1942)[157], principalmente nos parágrafos 1 e 5.

Os objetivos conjuntos dos brasileiros e do governo norte-americano no acordo geral de 3 de março de 1942 e o acordo de produto de borracha manufaturado de 3 de outubro de 1942 eram disponibilizar o máximo da borracha criticamente necessária para o esforço conjunto de guerra, sem sacrificar as necessidades essenciais das outras repúblicas americanas (que devem ser fornecidas a partir da fonte mais acessível).

Temo certeza de que você irá entender porque o Departamento está contrário a reconsiderar "todo o plano de distribuição de pneus". Não obstante, se você ainda acha que os brasileiros têm objeções válidas, passe a história completa ao Departamento.

HULL

811.20 Defesa (M) Brasil/1872: Telegrama

O Embaixador no Brasil (Caffery) ao Secretário de Estado[158]

RIO DE JANEIRO, 12 de novembro de 1942 — 7 p.m.

[Recebido às 9:55 p.m.]

4721. Para Duggan.[159] Meu telegrama No. 4608, 7 de novembro, 4 p.m.[160] O embaixador venezuelano ligou ontem para dizer que tinha recebido um telegrama do Presidente da Venezuela, instruindo-o a organizar o envio imediato de pneus e tubos para a Venezuela. O embaixador ficou surpreso ao saber do Ministério de Relações Exteriores que não havia nenhuma distribuição para seu país para o quarto trimestre e perguntou se estava correto. Disse a ele que um dos meus especialistas iria ligar para ele para explicar a situação.

Aqui a situação dos pneus e tubos é insatisfatória. É evidente que, a menos que possamos garantir ao Ministro das Relações Exteriores que cada país americano tenha concordado com a distribuição, não é uma ação unilateral da nossa parte, o Ministério de Relações Exteriores estará sob constante pressão dos representantes das repúblicas americanas aqui e não estará em posição para justificar as distribuições. Isso pode levar à renúncia do acordo, no que for possível, que o Governo Brasileiro irá autorizar a exportação dos pneus e tubos para outros países, independente da distribuição.

O telegrama 3021 do Departamento, 10 de outubro, p.m.[161] estava implícito que as distribuições de pneus e tubos a certos países foram definidas por acordo ou, no caso de certos países com quem os Estados Unidos têm acordos da borracha, a distribuição representou o valor estimulado [estipulado] nesse acordo para cobrir o consumo interno. Se for esse o caso, é amplamente visível, a partir das declarações feitas pelos embaixadores desses países no Brasil, de que nem eles nem os governos entendem a situação.

Além dos efeitos no Brasil, pode ser desejável que os Estados Unidos se esforcem para chegar às distribuições pela consulta e acordo com cada país.

Aranha instruiu a Comissão para o Controle dos Acordos de Washington a "insistir com as autoridades americanas aqui" que o Uruguai e a Venezuela receberam as distribuições para o quarto trimestre para 4.000 e 5.000 pneus e tubos respectivamente.

Foi observado um aumento de ressentimento na parte dos meus colegas americanos aqui, que chamaram de ação "arbitrária" do nosso Governo em estabelecer as distribuições e produtos que podem receber do Brasil.

Caffery

811.20 Defesa (M) Brasil/1908: Telegrama

O Embaixador no Brasil (Caffery) ao Secretário de Estado[162]

RIO DE JANEIRO, 16 de novembro de 1942 — 6 p.m.

[Recebido às 11:28 p.m.]

4784. Meu telegrama No. 2237, 26 de junho, 4 p.m.[163] Souza Costa me falou ontem que Aranha está determinado a enviar as 600 toneladas de borracha bruta para o Chile, que ele prometeu ao governo chileno durante a Conferência Pan-Americana aqui em janeiro e que ele alega que foi aprovado pelo nosso governo; também a Embaixada Chilena aqui já adquiriu 90 toneladas para o envio imediato ao Chile. Costa disse que ele se opôs fortemente à venda proposta da borracha ao Chile, que isso viola o acordo da borracha com os Estados Unidos, mas que Aranha tinha tomado a posição de que era um acordo entre os dois governos e que ele, como Ministro de Relações Exteriores, comprometeu o Governo Brasileiro e, assim, Costa, como Ministro das Finanças, não tinha nada a ver com isso.

Aranha falou para Souza Costa que ele se resignaria, em vez de quebrar o acordo com o governo chileno. Fomos informados, com segurança, de que os chilenos não tiveram sucesso na compra de mais borracha bruta do Brasil e que Aranha está tão agitado que poderia até obrigar empresas a cumprirem os acordos com o Chile. Alan e eu revisamos a situação e sentimos que deveríamos obter informações referentes ao fato sobre as necessidades de borracha bruta do Chile e as recentes compras feitas por este país com a Bolívia e outros países. Se pudermos estabelecer claramente as especificações chilenas da borracha bruta, considerar o consumo do equipamento de fabricação disponível agora não excede as 100 toneladas anualmente, que é a coleta de Allen, poderíamos usar este ponto de modo mais efetivo nas nossas discussões com Aranha e acompanhar com a observação óbvia de que o excesso de 500 toneladas poderia encontrar seu caminho para os pneus e tubos na Argentina e também outros produtos essenciais. Isso ajudaria se pudéssemos garantir a Aranha que o Chile tinha recebido uma garantia específica de que suas necessidades fundamentais de pneus, tubos ou outros produtos essenciais seriam fornecidas desde os Estados Unidos ou Brasil. Esses pontos poderiam ser usados para complementar nossa contenção básica que, na falta de qualquer exceção específica no acordo básico da borracha de 3 de março de 1942, de que qualquer compromisso nessa data na parte do Brasil seria anulado.

Não me lembro se o Governo dos Estados Unidos, em algum momento deu aprovação expressa ou implícita à transação relatada entre o Brasil e o Chile, mas gostaria de ter a garantia específica do Departamento a esse respeito.

CAFFERY

811.20 Defesa (M) Brasil/1908: Telegrama

O Secretário de Estado para o Embaixador
no Brasil (Caffery)[164]

WASHINGTON, 24 de novembro de 1942 — 9 p.m.

3672. Embaixada 4784, 16 de novembro. O estoque do chile de borracha bruta recentemente estava estimado em 400-500 toneladas. O consumo pré-guerra foi de aproximadamente 400 toneladas por ano, incluindo a produção de muitos itens não essenciais que não são mais permitidos no país e estão desencorajados no Brasil. Estima-se aqui que as especificações do Chile para a borracha bruta para itens essenciais não excedem 200 toneladas por ano, incluindo 25 toneladas para nova comercialização. O Chile não vai receber maquinário deste país para fabricar pneus. O Departamento está telegrafando para Santiago para verificar as estimativas das necessidades de Washington e os detalhes das importações recentes do Chile. Esta informação será telegrafada para você. De qualquer maneira, seria deplorável se o Chile recebesse mais 600 toneladas do Brasil, um excesso que, sem dúvida, seria reexportado à Argentina, como indicado por uma transação pendente em que a Corporación del Fomento, Chile, tem que fornecer borracha bruta a Pirelli[165], Argentina, e recebe um retorno de 50% pelo peso dos pneus de bicicleta. Garantia em fornecer as necessidades essenciais do Chile, enviado a Child, no telégrafo circular do Departamento, em 18 de maio[166], e reiterado no telegrama do departamento para nossa Embaixada, que anunciou a distribuição de emergência do terceiro trimestre disponível no Brasil, definindo que os pedidos feitos até essa distribuição seria substituir os pedidos feitos anteriormente no Brasil. Será feita uma tentativa para chegar ao entendimento com as autoridades chilenas sobre as necessidades de borracha do país e usar a base desse entendimento para futuras distribuições.

Você tem garantia do departamento de que este governo, em nenhum momento, aprovou a venda de borracha pelo Brasil ao Chile, exceto para atender às necessidades essenciais da guerra do Chile em um procedimento de distribuição comum.

HULL

811.20 Defesa (M) Brasil 20454 ½

*Memorando do Sr. Arthur A. Compton, Divisão
das Repúblicas Americanas, para o Assessor
de Relações Políticas (Duggan)[167]*

WASHINGTON, 1 de dezembro de 1942

Mr. Duggan; Por sua solicitação, vi o material anexo[168] relacionado aos arranjos que temos sob vários dos nossos acordos de borracha para abastecer as necessidades de outras repúblicas americanas com borracha bruta ou produtos fabricados de borracha. Embora incompleto, o material anexo revela uma história mais ou menos como descrita abaixo:

1. Imediatamente depois dos acordos básicos da borracha de 3 de março com o Brasil, os Estados Unidos foram forçados a comprar todo o estoque existente e o resultado futuro da borracha fabricada do Brasil para evitar um grande *boom* na fabricação da borracha brasileira e a exportação indiscriminada para outras repúblicas americanas. Nas negociações específicas para esta compra e este contrato, foi acertado que o excedente de pneus, tubos e outros produtos de borracha que pudessem ser exportados deveria ser usado (pelo menos, em parte) para fornecer às necessidades essenciais para esses itens a outras repúblicas americanas, conforme definido nos contratos feitos com outros países produtores de borracha no hemisfério. Em consideração desta cláusula, o Brasil concordou em reduzir a fabricação de borracha e o consumo interno e os produtos de borracha fabricados para deixar mais borracha bruta para exportar para os Estados Unidos.

2. Foi então concordado que o método de fornecimento das necessidades essenciais de outras repúblicas americanas para borracha bruta e fabricada dos Estados Unidos e Brasil seria:

(a). Os Estados Unidos determinariam, com base na estatística disponível, as distribuições trimestrais dos produtos de borracha fabricados para abastecer as necessidades essenciais das outras repúblicas americanas

(b). O Brasil anunciaria essas distribuições e

(c). As outras repúblicas americanas poderiam seguir com a compra (com a distribuição anunciada) desde os Estados

173

Unidos ou Brasil, seus produtos de borracha fabricados essenciais pelos canais comerciais regulares.

(d). O controle sobre essas compras a serem mantidas pela liberação com a Rubber Reserve Company, em Washington, de todas as compras do Brasil ou dos Estados Unidos (a concessão real do certificado permitindo a exportação estando nas mãos do governo do país de onde a borracha seria exportada).

3. Os procedimentos anteriores aumentaram as dificuldades definidas nos telegramas do embaixador 4325 de 22 de outubro, 3 p.m.[169] e 4721 de 12 de novembro, 7 p.m., dirigido a você pessoalmente. Sinto que, embora os políticos e as políticas internas do Brasil usadas por outras repúblicas americanas têm uma grande parte nessas dificuldades; os principais problemas seriam solucionados, se pudéssemos cumprir duas coisas:

(a). É necessário disponibilizar para o Governo Brasileiro as informações usadas ao chegar aos locais estabelecidos por nós para as outras repúblicas americanas para que o Governo Brasileiro possa estar em uma posição para defender essas distribuições (que foram anunciadas) contra as invasões da pressão política de outras repúblicas americanas.

(b). Isso vai além da maior importância de reduzir a pressão política das outras Américas (que têm sucesso e crescem no mal-entendido e no atraso) ou oferecer o entendimento completo e definitivo (com o máximo possível de antecedência) por cada uma das outras Américas das distribuições trimestrais, ao aplicá-las e a oferecer o maior alcance possível para a entrega rápida e eficiente da borracha comprada por cada uma das outras Américas nessas distribuições.

4. Embora eu não esteja em uma posição para recomendar os detalhes técnicos específicos de como essas finalizações deveriam ser feitas, gostaria de recomendar, como sugestão, que toda consideração seja dada para as seguintes possibilidades:

    a. O estabelecimento em Washington de uma comissão conjunta Brasil-EUA para a borracha, que, entre outras coisas, serviria para:

i. Ser como uma fonte de informação para o governo brasileiro sobre a estatística e as considerações envolvidas na chegada aos locais finais da borracha para que o governo brasileiro esteja em uma posição para defender esses locais, que agora são obrigados a anunciar e

ii. Ser também como um órgão, que poderia arbitrar qualquer dificuldade ou diferença de opinião e também para essas distribuições, que podem surgir no Brasil por qualquer uma das repúblicas americanas. (Nesta conexão, toda estatística disponível para o Brasil, que não coincida com as nossas, seria útil em trazer à luz qualquer informação errada possível sobre a qual nossa própria política possa se basear).

b. A consideração cuidadosa é fortemente encorajada com a possibilidade de consultar os governos das outras repúblicas americanas, como para que acreditam que são as necessidades essenciais da borracha. Essas estimativas e suas justificativas poderiam ser examinadas na luz da informação disponível para os Estados Unidos (complementado por qualquer informação disponível para o Brasil) e alternado ou eliminado de acordo. Do meu ponto de vista, este procedimento nos colocaria em uma posição mais firme com relação a nossa justificativa para "ditar" para as outras Américas quais são suas necessidades. Pelo menos, elas sentiriam que tiveram uma chance de apresentar sua história. Isso para mim parece mais importante.

c. Resolver um procedimento claro para o anúncio conjunto pelos Estados Unidos e Brasil (talvez pela sugerida comissão conjunta) das distribuições trimestrais, aplicando a cada uma das outras Américas, de modo que nenhum mal-entendido seja possível, como para os valores reais dessas distribuições e o máximo de explicação possível para atender qualquer queixa que possa ser recebida com relação a essas distribuições.

d. Na medida do possível, a cláusula de um serviço de entrega dos Estados Unidos e do Brasil para os produtos de borracha adquiridos por estas distribuições de borracha.

NOTA: Os comentários acima são para aplicar às longas dificuldades, que parecem estar envolvidas nos arranjos presentes da borracha. Com relação aos problemas específicos do Uruguai, Venezuela, Chile, etc. abordados nas transmissões do embaixador Caffery para você, acredito que terão que ser corrigidos, sempre que possível, por qualquer ação específica que possa ser tomada imediatamente.

Nesta conexão, é interessante observar que ainda não estamos certos de que todos os anúncios das distribuições do quarto trimestre foram feitos, mesmo que agora estejamos passando para o último mês. É também destacado que as entregas ainda não foram feitas em todas as distribuições do terceiro trimestre. Esses atrasos emprestaram combustível para reacender e enfatizar a necessidade da ação de longa vista imediata para aplicar ao anúncio e à pronta entrega das distribuições do próximo ano. Na verdade, esses anúncios já devem ter sido feitos e, todos os dias, criam potenciais dificuldades para o ano seguinte.

Embora os Estados Unidos e o Brasil aparentemente tivessem apaziguado todas as dúvidas nos acordos originais, a começar com o acordo de 3 de março de 1942, assim como as questões e os desafios que surgiram na Terceira Conferência das Repúblicas Americanas no Rio de Janeiro, em 1942, conforme a guerra se desenvolvia, surgiram cada vez mais dificuldades. Em primeiro lugar, as Repúblicas Americanas, principalmente argentinos, venezuelanos e chilenos, estavam infelizes com a distribuição dos produtos de borracha que recebiam da comissão líder dos EUA. Mesmo o apoiador dos EUA, Oswaldo Aranha, Ministro de Assuntos Exteriores do Brasil, questionou a resistência norte-americana para permitir que o Chile tivesse mais borracha e produtos de borracha do que os EUA achavam necessário. Os EUA tinham a preocupação de que o Chile venderia parte de sua distribuição à Argentina, que era aliada do Eixo, e que essa borracha poderia se transformar em tubos e pneus vendidos para os alemães e italianos.

O Ministro das Relações Exteriores do Brasil, Aranha, que tinha sido um forte apoiador da agenda norte-americana na Conferência do Rio, achava que era importante que o Brasil mantivesse seu compromisso não só com o Chile, mas também com outras repúblicas americanas. Ele estava tão firme em sua posição que ameaçou a renunciar o seu cargo de Ministro caso a questão não fosse resolvida adequadamente.

Os comunicados neste capítulo entre o Secretária de Estado dos EUA e os funcionários no Rio demonstravam claramente a frustração dos dois lados.

Capítulo 13

OS ESTADOS UNIDOS SE COMPROMETEM E FICAM FORTEMENTE ENVOLVIDOS COM O TRANSPORTE DOS SOLDADOS DA BORRACHA, FORNECENDO ALIMENTOS E GUARNIÇÃO PARA OS SOLDADOS DA BORRACHA

A COMUNICAÇÃO ABAIXO ENTRE O SECRE-
TÁRIO de Estado dos EUA e o Embaixador
americano no Brasil preparou o terreno
para o envolvimento dos Estados Unidos
no transporte de, aproximadamente 50.000
soldados da borracha do nordeste brasileiro

FIGURA 52 – Chegada
de João Alberto Luís
de Barros a Manaus.
*Fonte: National Archives
Building, Washington,
DC (NAB).*

179

até as plantações de seringueira na Bacia do Amazonas. Como parte do acordo com o Presidente Vargas, os EUA também autorizaram o transporte de toneladas de alimentos para a região para melhorar as condições e a nutrição desses soldados. Tudo isso foi necessário quando a ameaça do submarino alemão na costa do Nordeste do Brasil aumentou e os navios mercantes brasileiros começaram a ser atacados.

811.20 Defesa (M) Brasil 2243a Telegrama

O Secretário de Estado para o Embaixador no Brasil (Caffery)[170]

WASHINGTON, 26 de dezembro de 1942 — 4 p.m.

4060. Para Russell, Donnelly e Allen. Isso irá confirmar a conversa telefônica avisando que o texto do acordo entre a Rubber Reserve e SEMTA[171] foi aprovado pelo Conselho Administrativo de Combate Econômico, a Rubber Reserve e o Departamento de Estado, com poucas alterações dadas por telefone e autorizando a assinar o acordo. Também confirmamos a autoridade para fornecer até US$ 150.000 para construção de recepção e outras instalações para qualquer organização do Governo Brasileiro que tenha a responsabilidade de cuidar e distribuir a mão de obra transportada pela Amazônia na SEMTA. Você também está autorizado a comprar até US$ 25.000 toneladas de alimentos básicos para criar uma reserva de alimentos na Amazônia. Também está autorizado a alugar depósitos adicionais em Belém, Manaus, ou outros pontos na Amazônia para armazenar os alimentos, produtos de borracha e equipamento. Sugiro o esforço para transportar à Amazônia, pelo menos, 15.000 toneladas de alimentos nos próximos 30 dias e a quantidade total até 15 de fevereiro. Discutimos com João Alberto[172] o equipamento necessário para a transferência de 50.000 trabalhadores pela SEMTA e o transporte no rio Tocantins e organizamos um grande número de barcos adequados para o transporte de mão de obra que podem ser usados no Rio Tocantins e também no São Francisco e Parnahyba. Estou planejando chegar a Belém entre 1 e 2 de janeiro e João Alberto está planejando chegar no dia 8 de janeiro e pretende passar alguns dias em Belém. Sugerimos que a conveniência de Boucas e Doria esteja disponível em Belém nesse momento. [Allen.]

HULL

811.20 Defesa (M) Brasil/2130 Telegrama

O Secretário de Estado para o Embaixador
no Brasil (Caffery)[173]

WASHINGTON, 26 de dezembro de 1942 — 7 p.m.

4063. 5334 da Embaixada, 15 de dezembro.[174] O Departamento aprova o formulário de acordo com as alterações acertadas com Allen e Donnelly em conversa telefônica no dia 17 de dezembro.

Antes de as operações serem garantidas no acordo, acredita-se que é aconselhável que a Embaixada entenda bem as seguintes questões:

(1). Métodos que serão usados para recrutar a mão de obra em questão.

(2). O fato de que a mão de obra obtida deve ser colocada em empregos por uma agência do Governo Brasileiro e este será responsável pelas condições trabalhistas dos trabalhadores e os termos dos contratos que serão assinados. Estes devem ser discutidos com a Rubber Reserve Company.

(3). Que o Governo Brasileiro tomará todas as medidas necessárias para que a recepção e os arranjos adequados estejam funcionando para cuidar dos trabalhadores na chegada a Belém e na eventual colocação nas áreas de produção, com esse conselho técnico e financeiro da Rubber Reserve, conforme necessário.

A aprovação do arranjo do Departamento está baseada na crença de que a escassez da borracha é tão séria e tem certa importância militar para justificar arranjos de emergência deste tipo. Não obstante, sente-se que os representantes locais da Rubber Reserve Company devem seguir sua execução bem de perto e que a Embaixada deve sempre manter-se totalmente informado e satisfeito de que este programa inteiro está sendo realizado dessa maneira para evitar graves consequências que podem seguir.

HULL

O comunicado acima, para o Embaixador americano no Rio de Washington, DC, em 26 de dezembro de 1942, 7 p.m., pode ser um dos mais significativos no primeiro ano da Segunda Guerra

Mundial, conforme define perfeitamente o entendimento dos EUA sobre as responsabilidades dos dois países. Os EUA concordaram em fornecer não só o transporte e os alimentos para os soldados da borracha, mas, nos acordos iniciais, cinco milhões de dólares, em dinheiro, para construir a infraestrutura da nova iniciativa para a borracha. O Governo brasileiro será responsável pelas condições de trabalho e os termos dos contratos que podem ser assinados... (e) tomará as medidas necessárias para que a recepção e os arranjos adequados funcionem para tratar com os trabalhadores na chegada a Belém e na eventual colocação nas áreas de produção com tal conselho técnico e financeiro da Rubber Reserve, conforme necessário.

811.20 Defesa (M) Brasil /2236: Telegrama

O Embaixador no Brasil (Caffery) ao Secretário de Estado[175]

RIO DE JANEIRO, 28 de dezembro de 1942 — 6 p.m.

[Recebido às 8:45 p.m.]

5509. 4063 do Departamento, 6 de dezembro [26] 7 p.m.

(1). Os trabalhadores serão recrutados pela SEMTA. Os funcionários do governo brasileiro agora estão organizando o programa.

(2). O governo brasileiro será responsável pelas condições de trabalho, pelos termos do contrato de trabalho, etc., e os trabalhadores serão colocados em seus empregos por uma agência do governo brasileiro. Todos esses pontos foram esclarecidos com a Rubber Reserve Company.

(3). As instalações de recepção, alojamento, alimentos, remédios, etc., no Pará, serão cuidadas pelas agências do governo brasileiro e a responsabilidade da Rubber Reserve ficará restrita à assessoria técnica e financeira, conforme seja necessário. A Embaixada e a Rubber Reserve Company aqui seguirão a execução do plano bem de perto. Um representante da Rubber Reserve fará viagens periódicas às áreas de recrutamento de mão de obra, Belém e Rio Amazonas manterão a Embaixada informada sobre o progresso do trabalho.

CAFFERY

811.20 Defesa (M) Brasil/1908: Telegrama

*O Secretário de Estado para o Embaixador
no Brasil (Caffery)[176]*

WASHINGTON, 12 de janeiro de 1943 — 6 p.m.

122. 3672 do Departamento, 24 de novembro. O Departamento foi aconselhado pela Embaixada em Santiago de que 50.247 kg de borracha bruta lavada tinha chegado a Valparaíso, em 13 de dezembro, consignado à Corporación de Fomento, enviado de Santos, Brasil, em 17 de novembro por Arthur Dianna e Compania Limitada.

A informação do Departamento sobre o abastecimento de borracha bruta no Chile e a demanda estava no 3672 do Departamento, em 24 de novembro.

O envio referido é uma violação do acordo da borracha. Conforme indicado no 3672 do Departamento, consiste de borracha não necessária para o Chile e, pelo menos, parte dela provavelmente iria para a Argentina na forma finalizada.

Nas circunstâncias em que você solicitou para abordar a questão com o Ministro das Relações Exteriores, expressando que o envio violava o acordo da borracha e protestando tal violação, principalmente quando o Chile não tinha nenhuma necessidade justificada para a borracha e quando o Brasil e seu governo tinham assumido o abastecimento e agora estão fornecendo para o Chile para pneus e outros produtos de borracha.

HULL

Capítulo 14

O ALTO PREÇO DA BORRACHA

ATÉ O FINAL DE 1943, começou a haver algumas preocupações em Washington sobre a eficácia da campanha da borracha na Amazônia. O custo em dinheiro e em vidas humanas estava sendo uma preocupação real para vários funcionários americanos. A outra preocupação principal era se a campanha da Amazônia poderia produzir borracha suficiente para atender às necessidades do esforço de guerra. Certamente, a iniciativa era fundamental para sustentar os estoques de borracha dos EUA no início da guerra, mas, se era possível produzir a quantidade de borracha para atender a todas as exigências de montagem, era uma grande dúvida.

Apesar dos 50.000 seringueiros enviados a Amazônia vindos do nordeste do Brasil pelo Governo Vargas, a produção estava baixa para as metas em longo prazo. Em 1941, o Brasil produziu apenas 16.317 toneladas de borracha. Os EUA esperavam, depois de uma longa pesquisa, que 50.000 seringueiros pudessem produzir 50.000 toneladas de borracha. Na verdade, os seringueiros podiam produzir somente 1/2 tonelada, aproximadamente, por ano, e isso estava até acima da média.

Os Estados Unidos começaram uma agressiva campanha pela borracha reciclada e aceleraram a busca pela borracha sintética. Os cientistas e os oficiais do governo americano pensaram que, embora a borracha natural fosse o produto de preferência, estava ficando cada vez mais aparente que a demanda estava excedendo a capacidade da Amazônia em fornecer e a borracha sintética teria que ser a última resposta.

DISCUSSÕES E ACORDOS ENTRE OS ESTADOS UNIDOS E O BRASIL SOBRE OS PREÇOS DA BORRACHA, AS QUOTAS E A INTRODUÇÃO DA BORRACHA SINTÉTICA NO BRASIL[177]

102.8951 Rio de Janeiro; Aerograma

O Secretário de Estado para o Embaixador
no Brasil (Caffery)[178]

Washington, 28 de janeiro de 1944 — 12:40 p.m.

A-105 para McAshan[179] de Allen[180] Rubber Development Corporation. A seguir está o texto de um acordo com Bocus[181], que aceitou em nome do Governo brasileiro. Este contrato tinha sido ratificado pelos Diretores da Rubber Development Corporation:

"Caro Sr. Boucas: Tenho a honra de registrar esta nota que, como resultado da conversa entre você, em sua capacidade de Diretor Executivo da Comissão para o Controle dos Acordos de Washington, e, como representante autorizado do Governo brasileiro, e eu mesmo, em minha capacidade de Presidente da Rubber Development Corporation, o abaixo mencionado foi acordado entre o Governo do Brasil e a Rubber Development Corporation:

1. A Rubber Development Corporation concorda em pagar um prêmio de 33 1/3 por cento sobre o "Preço Fixo", conforme definido no acordo com data de 3 de março de 1942[182] entre a Rubber Development Corporation (como sucessor da Rubber Reserve Company) e o Governo do Brasil e como complementado pelo Acordo Complementar com data de 29 de setembro de 1943, que estabeleceu o "Preço Fixo" (chamado no Acordo Complementar de "preço básico") a 45 centavos por libra f.o.b. Belém para Acre, fino, lavado e

seco, esse prêmio seria pago mediante a borracha que estava disponível para inspeção de qualidade ou que tivesse sido inspecionada para a Rubber Development Corporation, em um porto de envio acertado e que foi proposto pelo Banco de Crédito da Borracha para a Rubber Development Corporation para compra durante o período que começava com uma data (subsequente a este instrumento) a ser acordada entre o Brasil e a Rubber Development Corporation e que terminava em 31 de março de 1945; entendia-se que toda a borracha fornecida à Rubber Development Corporation pelos acordos antes mencionados deve ser comprada pelo 'Preço Fixo' estabelecido (ex.: na base de 45 centavos por libra f.o.b. Belém for Acre fino, lavado e seco) sem pagamento do prêmio acima mencionado, a menos que o Governo do Brasil e a Rubber Development Corporation tenham feito um acordo escrito para a continuação do prêmio.

2. Tendo em conta que a Rubber Development Corporation está pagando o prêmio acima referido para (a) compensar o aumento de salário, custos de vida e outros itens que afetam o custo da produção da borracha e (b) para estimular a produção máxima, entende-se e concorda-se que a Rubber Development Corporation deve descontinuar, na primeira data praticável, gradualmente e de acordo com a Comissão para o Controle dos Acordos de Washington, mas, no caso de ser depois de 30 de junho de 1944, todos os pagamentos, subsídios e contribuições para esses objetivos, exceto para as obrigações já incorridas pela Rubber Development Corporation em C.A.E.T.A.[183] Acordo[184], e o Brasil concorda com cancelamento ou modificação dessas cláusulas em qualquer acordo entre a Rubber Development Corporation e o Governo do Brasil (ou instrumento de corporação ou agência) conforme necessário para ser cancelado ou modificado para aliviar a Rubber Development Corporation desses pagamentos, subsídios e contribuições. Entre outras coisas, o Governo do Brasil concorda com uma rescisão o mais rápido possível dos seguintes compromissos específicos e obrigações da Rubber Development Corporation:

(1) Toda obrigação em fornecer alimentos básicos ou manter os preços fixos de acordo com o contrato tem data de 3 de abril de 1943[185] entre a Rubber Development Corporation e SAVA.

(2) Toda obrigação para disponibilizar, pelo menos, os abastecimentos e equipamentos dos seringueiros pelo acordo acima citado entre a Rubber Development Corporation e a SAVA.

(3) Toda obrigação pelo acordo proposto com data de 16 de julho de 1943, entre a Rubber Development Corporation e SNAPP para oferecer carvão a um custo menor ou pagar mais que as taxas de frente estimadas da Rubber Development Corporation pela SNAPP, em embarcações que não sejam de propriedade da Rubber Development Corporation fornecida por esta a SNAPP.

3. Tendo em conta que a Rubber Development Corporation já gastou em apoio do programa de borracha selvagem no Brasil valores substancialmente acima dos US$ 5.000.000 do fundo de desenvolvimento contemplado no acordo de 3 de março de 1942, o Brasil concorda em assumir todos os gastos de desenvolvimento que possam ser necessários de agora em diante, usando, para isso, os prêmios de volume pagos pela Rubber Development Corporation ao Brasil, de acordo com o parágrafo 4 do acordo acima citado, de 3 de março de 1942, e esses outros fundos, já que o Governo Brasileiro pode disponibilizar para tal objetivo.

Entre outras coisas, o Brasil especificamente concorda em assumir todos os gastos futuros com desenvolvimento referentes a:

(a) atividades de construção de estradas no sul do Mato Grosso.

(b) subsídio de mão de obra no sul do Mato Grosso.

4. De acordo com o parágrafo 5 do acordo de 3 de março de 1942, o Brasil concorda em tomar essas ações, conforme sejam necessárias para solicitar que os consumidores de borracha no Brasil paguem o 'Preço Fixo', mais o prêmio acima mencionado de 33 1/3 por cento, para que os preços internos e de exportação da borracha sejam os mesmos.

É entendido e acordado que o preço até aqui acordado pela Rubber Development Corporation e o Brasil, para o excedente de pneus e tubos que pode ser exportado, que foi vendido para a Rubber Development Corporation de acordo com a cláusula do acordo de 3 de outubro de 1942[186], não deve ser aumentado, como resultado do prêmio aqui dado, a menos que possa ser demonstrado que os fabricantes não podem operar a uma margem de lucro razoável, nesse caso, o Brasil e a Rubber Development Corporation devem consultar conjuntamente e concordar sobre esse aumento no preço, já que pode ser justificado pelas circunstâncias.

5. Para realizar o objetivo de facilitar e estimular o máximo possível a produção de borracha, o Brasil concorda em:

(a) disponibilizar os fundos do Governo Brasileiro no valor de CR$ 10.000.000 (moeda da época) para facilitar e estimular o máximo da produção de borracha, incluindo especificamente o objetivo de oferecer um incentivo para colocar a mão de obra importada entre os seringueiros e encorajar a abertura de novas estradas. O fundo acima deve ser aumentado pelo valor de qualquer lucro fortuito que surja por razão de qualquer diferença entre o preço recebido pelo Banco de Crédito da Borracha para a borracha em mãos no início do período do prêmio.

(b) tomar a atitude que possa ser necessária garantir que os produtores, comerciantes e outros engajados na produção e manuseio da borracha no Brasil irão receber sua parte proporcional do prêmio total de 33 1/3 por cento acima mencionado.

(c) tomar a atitude que possa ser necessária para garantir que os impostos sobre a borracha estabelecidos pelos estados produtores não devam ser aplicados ao prêmio de 33 1/3 por cento acima mencionado e que os impostos estaduais e federais existentes sobre a borracha não irão aumentar e nem novos impostos surgirão quando esse prêmio for pago.

(d) tomar a ação que possa ser necessária para garantir a execução das medidas práticas já concordadas pela Comissão para o Controle dos Acordos de Washington e a Rubber Development Corporation em apoio ao programa da borracha, enquanto que as medidas não são inconsistentes com as cláusulas desse acordo.

(e) seguidas etapas que possam ser necessárias para trazer o estabelecimento da taxa de câmbio mais favorável ao aplicar a todos os câmbios necessários para os gastos da Rubber Development Corporation no Brasil, exceto para a compra de borracha.

Entende-se que esta nota, junto com sua aceitação, deve constituir um acordo entre as partes, a ser formalizado pela troca de notas entre as autoridades brasileiras e americanas apropriadas no Brasil.[187]

Com minhas grandes considerações. Atenciosamente.

D.H. Allen Presidente"
Hull

102.8951 Rio de Janeiro; Aerograma

O Secretário de Estado para o Embaixador
no Brasil (Caffery)[188]

Washington, 29 de janeiro de 1944 — 7 p.m.

A-113. Para McAshan da Allen Rubber Development Corporation. Abaixo está a carta de aceitação da Comissão para o Controle dos Acordos de Washington, com data de 26 de janeiro, assinada por Dr. Boucas;

"Caro Sr. Allen: Este instrumento serve para reconhecer sua carta com data de hoje[189] levando nos seus cinco pontos e adendos as condições acordadas entre nós para pagamento até o dia 31 de março de 1945, do prêmio de 33 1/3 por cento do 'preço fixo' em vigor, conforme definido no nosso acordo sobre a borracha.

Os vários itens do seu comunicado cobrem todos os pontos que estavam em discussão desde a 6ª instância e, meramente, como uma questão de rotina, quero confirmar nosso entendimento de que os contratos entre a RDC e SNAPP continuarão em vigor, exceto pela parte modificada no nº 3 do item 2 (página 3).

Aproveito esta oportunidade para expressar novamente para você e para todo o Conselho Administrativo da Rubber Development Corporation os sinceros agradecimentos sobre nossa parte do espírito de cooperação que sempre governou nossa relação, desde 1942, e que ainda não foi confirmado, constituindo assim, sem dúvida nenhuma, uma contribuição mais efetiva e valiosa da política da boa vizinhança.

Sua carta de 26 de janeiro, em conjunto com esta carta para você, constitui um acordo final entre nós, cujo conteúdo estou transmitindo na devida forma para o Ministro das Finanças, ao

Presidente da nossa Comissão no Rio de Janeiro, e que, conforme definido na sua carta, deve ser formalizado pela troca de notas entre as autoridades brasileiras e americanas apropriadas no Brasil.

Com a expressão renovada da minha mais alta consideração.

Atenciosamente,

V.F. Boucas, Diretor Executivo,
[Allen]

Hull

A troca anterior entre o governo brasileiro e o norte-americano, com data de 28 de janeiro de 1944, marcou o início de uma redução na participação dos EUA no projeto da borracha na Amazônia. Os EUA continuam a comprar toda a borracha possível a um preço maior de 33 1/3% acima do preço de Acre--fina a 60 centavos por libra. Mas não são mais obrigados a ter vários locatários dos acordos originais, com data de 3 de março de 1942, em que estão envolvidos em oferecer transporte e suporte logístico para os seringueiros e aqueles envolvidos na construção da nova estrutura do projeto da borracha.

"A RDC também decidiu finalizar o programa de enviar alimento, combustível e provisões básicas ao custo para os produtos de borracha amazonenses, deixando a provisão de lado na negociação da borracha para os aviadores. A RDC reivindicou já ter gasto mais do que o orçamento de cinco milhões de dólares distribuído pelos Acordos de Washington para aumentar a produção da borracha. Por sua parte, o governo brasileiro se comprometeu com quase meio milhão de dólares para apoiar o aumento da produção da borracha."[190]

102.8951 Rio de Janeiro

O Secretário de Estado para o Embaixador no Brasil (Caffery)[191]

WASHINGTON, 4 de fevereiro de 1944 — 10 p.m.

391. Sugere-se que o contrato para um prêmio de preço a ser utilizado por você por insistir que as etapas imediatas sejam tomadas pelo Banco da Borracha para estabelecer no nordeste brasileiros (principalmente em Natal, Maceió, Recife e Bahia) uma política de compra adequada e preços com os produtores da borracha naquela região poderá encontrar um mercado pronto, a um preço que seja lucrativo e que, ao mesmo tempo, encoraje esses comerciantes que costumam negociar a borracha para renovar seus interesses na compra e coleta no interior para ser vendido posterior ao Banco de Crédito da Borracha. A falta de organização neta área pelo Banco foi enfatizada, como você sabe, pelos relatórios recentes dos técnicos, e os comerciantes e produtores estão completamente desencorajados por esta falta. Fleischchman também confirmou este fato aqui em pessoa. Boucas chamou minha atenção para essa questão.

O acima citado é de autoria de Allen para o Desenvolvimento da Borracha de McAshan.

Hull

"O Governo do Brasil se responsabiliza por permitir a importação para o Brasil de borracha sintética e outros plásticos com propriedades similares e uso isento de impostos e permitir o uso na indústria nacional de acordo com a necessidade para executar os objetivos deste acordo."[192]

"O Governo do Brasil se responsabiliza por ocasionar, o mais rápido possível, a redução máxima praticável no consumo da borracha bruta natural no Brasil, abaixo da quota de 8.500 toneladas por ano, já estabelecida e para encorajar o uso máximo praticável da borracha regenerada, borracha sintética e plásticos similares."

"Como uma etapa na aplicação desta política, o Governo brasileiro se responsabiliza por ocasionar, o mais rápido possível, a adoção por todos os fabricantes de tubos e pneus no Brasil dos tipos de construção de pneus conhecidos nos Estados Unidos como S5 ou S-7, cada um deles contempla o uso de quase 35% de borracha sintética ou plástico similar no lugar da borracha bruta natural.

"A Rubber Development Corporation concorda com esse aumento na conta de consumo geral de 10.000 toneladas estabelecida no acordo de 3 de outubro de 1942, já que deve resultar de (a) uso irrestrito de borracha regenerada e (b) uso de borracha sintética e plásticos similares, de acordo com o plano e os arranjos por este acordo; estima-se que será possível que a indústria brasileira de fabricação da borracha opere em capacidade máxima."

O acordo acima deve ser formalizado no Rio de Janeiro e deve, creio eu, precisar da aprovação do Presidente Vargas, já que altera um decreto anterior.

Como resultado das discussões com os técnicos da Goodyear, Firestone e o escritório da Rubber Director e Boucas, ficou acordado que a maneira mais rápida e eficiente de habilitar o uso da borracha sintética no Brasil é ter técnicos de quatro empresas de fabricação de pneus no Brasil e mais dois técnicos dos fabricantes de produtos variados de borracha, de preferência Orion[193] e um outro proveniente dos Estados Unidos, o mais rápido possível, acompanhado por Dr. Maffei ou outro representante do Governo brasileiro para passar um mês nos EUA visitando as fábricas de pneus e estudando o uso da borracha sintética nos EUA. Concordamos em pagar o transporte dos membros dessa missão, além da Firestone e Goodyear, para os EUA e, ao chegar lá, enquanto estiverem em viagem de negócios, mais a diária, como seremos legalmente permitidos a pagar. Mais tarde, aconselhamos sobre a tarifa por dia.

Pretende-se que, depois do retorno dessa missão ao Brasil, que essa missão possa constituir um comitê técnico para oferecer as informações técnicas necessárias e para auxiliar os fabricantes de borracha no uso do sintético. As cópias dos documentos são enviadas por correio aéreo.[194]

Também concordamos com o prêmio de 33 1/3 para um período posterior de um ano, isto é, até 31 de março de 1946, para auxiliar os produtores de borracha natural durante a temporada de 1945. Mais tarde, aconselhamos que esta informação seja pública. Da mesma forma, concordamos que até 31 de dezembro de 1944, o período durante o qual o restante dos 16.000 trabalhadores possa ser recrutado, enviado à Amazônia e transportado rio acima até CAETA pelo acordo entre a Rubber Development Corporation e o Governo do Brasil, com data de 6 de setembro de 1943.[195] Boucas planeja chegar ao Rio em 15 de agosto.

Embora Boucas e Sousa Costa tenham concordado com o acima citado, ainda não recebemos a confirmação por escrito.

[Allen.]

Stettinius

No acordo acima, vemos, pela primeira vez, a menção da borracha sintética e a solicitação dos EUA de que o Brasil aceite a borracha sintética sem impostos para aumentar o estoque para que possam exportar mais borracha natural para os Estados Unidos. A mistura recomendada da borracha sintética é de 35% aproximadamente. Para facilitar este novo programa, os Estados Unidos concordam em pagar o transporte e os gastos diários por um mês para todos os participantes, com exceção dos funcionários da Goodyear e da Firestone.

832.6176/8-44: Aerograma

Rio de Janeiro, 9 de agosto 1944 — 11:30 a.m.

[Recebido em 21 de agosto — 8 a.m.]

A-1493. Abaixo está o A-1045 do Departamento de 31 de julho, 14h10, "Para Neumann de Allen, Rubber Development Corporation", meu Conselheiro Econômico[196] discutiu os conteúdos do aerograma com os funcionários do escritório do Rio de Janeiro da RDC e com o Sr. Utz do escritório de Washington da RDC, que está visitando o Brasil neste momento.

Meu Conselheiro Econômico ficou surpreso que a RDC em Washington não consultou a Embaixada sobre os entendimentos alcançados em Washington com o Senhor Valentim Boucas. Ele acrescentou que, se as vistas da Embaixada fossem selecionadas, a Embaixada deve ter recomendado que a extensão do prêmio do preço de 33 1/3% sobre a borracha bruta seria retida, ficando pendente da assinatura e da promulgação do decreto-lei sobre a borracha sintética e outros plásticos. Os funcionários locais da RDC têm a impressão de que o decreto-lei e o prêmio do preço estão presos juntos, mas em vista do telegrama 2365 do Departamento, de 1 de agosto, 22h ("De RDC Allen para Newmann"), autorizando o anúncio público da extensão do pagamento do prêmio, disseram que iriam verificar esse ponto com os funcionários em Washington.

Em seguida, relataram que não havia conexão entre as duas questões e aquela que a RDC informou outros países produtores de borracha nas Américas sobre a extensão do prêmio.

Em resposta à pergunta da Embaixada, se tinham ou não algum problema considerável com a Comissão para Controlar os Acordos de Washington, cujos administradores dos acordos da borracha no Brasil disseram que o Governo brasileiro ainda não tinha colocado em vigor o fundo de desenvolvimento de 10.000.000 de cruzeiros, conforme indicado no acordo de 8 de fevereiro de 1944 e que outras questões ainda estavam pendentes. O representante da Embaixada destacou que, na sua opinião, a extensão do prêmio do preço deveria ter sido usada com poder de barganha para obter a imediata promulgação do decreto-lei sobre a borracha sintética e outros plásticos e o estabelecimento imediato de todas as questões pendentes importantes com a Comissão para Controlar os Acordos de Washington. Ele definiu que um anúncio público, nesse momento, expandindo o prêmio do preço, até o dia 31 de março de 1946, poderia prejudicar o programa geral para a compra de materiais estratégicos, pois os produtos e exportadores dos materiais usariam como base para solicitar um aumento no processo para sua produção. Acrescentou que o desenvolvimento seria extemporâneo e, infelizmente, em vista do fato de que o Governo brasileiro recentemente aumentou os preços de exportação do tantalita e do berilo e que a Embaixada e o USCC acabaram postergando, mas somente depois de longas e difíceis negociações.

A Embaixada espera que o Governo brasileiro não irá atrasar a promulgação da legislação necessária para implementar o acordo acima mencionado sobre a borracha sintética e outros plásticos, mas deseja indiciar que a RDC decidiu anunciar a extensão do prêmio do preço neste momento e não o prende ao plano de borracha sintético, a Embaixada e a RDC aqui estarão desprovidas de uma forte arma de barganha.

O aerograma em referência define que o acordo sobre borracha sintética será formalizado no Rio de Janeiro. A Embaixada assume que isso significou que teria a forma de uma troca de notas entre a Embaixada e o Ministério de Relações Exteriores. Se estiver correto, a Embaixada sugere que o Ministério de Relações Exteriores deveria ter sido consultado com relação aos termos do acordo proposto, mesmo que as cláusulas sejam favoráveis ao Brasil.

Caffery

832.616/7-3144 Telegrama

O Secretária de Estado para o Embaixador no Brasil (Caffery

Washington, 13 de setembro de 1944 — 6:25 p.m.

A-1248. Para Neumann de Allen RDC. Sobre a ligação telefônica, confirmamos que agora estamos preparados para considerar a extensão do prêmio do preço até 31 de dezembro de 1946. A extensão definida até 31 de março de 1946 é para cobrir a borracha produzida na temporada de 1945 da mesma maneira que o prêmio inicial estava projetado para cobrir a borracha produzida na temporada de 1944. Os governos dos países em questão, além do Brasil, foram aconselhados sobre a extensão até 31 de março de 1946 e aceitaram tal extensão e tornaram o anúncio público.

Com relação aos lucros do Banco da Borracha, nosso entendimento é:

(a) os lucros derivados da aplicação do prêmio do preço para os estoques da borracha em mãos, até 9 de fevereiro de 1944, a venda de borracha selvagem e os prêmios por volume são todos pagos em um fundo de desenvolvimento especial a ser usado para benefício do programa da borracha.

(b) cinco por cento dos lucros líquidos anuais devem ser pagos em um fundo de reserva de que tal fundo equivale a 20% do capital do banco.

(c) os dividendos devem ser limitados a 20% do capital do Banco e que todo excesso seja pago no desenvolvimento (do banco).

Entendemos que o CCWA está informalmente pesquisando se querem considerar a limitação dos dividendos a seis por centos, em vez de 12%, caso o Governo do Brasil concorde. Não percebemos nenhuma objeção a esta proposta, mas a aprovação oficial da nossa parte precisaria de ação por parte dos Diretores.

Sugerimos investigar a questão, se a reserva de 5% para perdas em empréstimo for adequada e, em caso negativo, se não puder ser preferível para adicionar esses lucros de reserva, em excesso de 6%, pelo menos, até que a reserva total de 20% seja alcançada.

Em conexão com o uso do fundo de desenvolvimento, queremos enfatizar que nosso interesse básico está nas medidas elaboradas para trazer estímulo imediato da produção de borracha, em vez de projetos de plantação em longo prazo. A linguagem dos acordos aplicáveis parece indicar que o fundo era para ser usado para esse estímulo imediato, em vez dos projetos de longo prazo, mas pode não ser interessante se opor ao uso de qualquer parte do fundo para esses projetos de longo prazo, particularmente em vista do interesse do Presidente Vargas nesses projetos. [Allen]

Hull

832.24/11344: Telegrama

O Secretário de Estado Interino para o Encarregado no Brasil (Donnelly)

Washington, 3 de novembro de 1944 — 1 p.m.

3321. O Departamento entende, com a Rubber Development Corporation, que um fator que provavelmente está atrasando o seguro do decreto brasileiro sobre o uso da borracha sintética é uma dúvida sobre a essencialidade da borracha natural no esforço de guerra das Nações Unidas.

O Conselho de Matéria-Prima Combinada está preparando um lançamento, que em suma, irá reiterar que a necessidade vital para a borracha natural é tão excelente hoje quanto era durante a guerra. Isso surge da necessidade continuada de usar a borracha natural em maior ou menor quantidade em uma ampla gama de produtos, principalmente pneus para caminhão e veículos militares e também aeronaves pesadas e de grande porte, pelo qual a demanda militar direta continua a exceder o suprimento. Além disso, a movimentação de matéria-prima e os produtos finalizados e do trabalho de e para as fábricas cria grandes demandas para os pneus pesados para operações de caminhão e ônibus.

O Departamento endossa a declaração de que a necessidade de cada libra de borracha natural que puder ser obtida é fundamental.

Informe o representante da Rubber Development Corporation. E também aconselhe o Ministério das Relações exteriores, caso perceba que não...

800.554/2-144

O Encarregado no Brasil (Donnelly) para
o Secretário de Estado n°18958

RIO DE JANEIRO, 1 de dezembro de 1944

[Recebido em 7 de dezembro]

Senhor: Tenho a honra de mencionar o telegrama da Embaixada n° 4222 de 27 de novembro de 1944, relatando a aprovação do Presidente Vargas do acordo de borracha sintética e, pela correspondência anterior, referindo-se ao processo das negociações sobre este tema.

Durante a consideração do acordo para o uso de produto sintético pela indústria da borracha brasileira, é preciso superar várias objeções. O Ministério das Relações Exteriores propôs várias alterações, a principal elaborada para reduzir o consumo de borracha bruta para 700 toneladas, que teria tido efeito de negar toda a proposta do acordo. Pelas representações feitas pela Embaixada e pela Rubber Development Corporation, o Ministério das Relações Exteriores foi persuadido a retirar sua proposta. O acordo foi aprovado pelo Ministério das Finanças e encaminhado para o Presidente.

A Embaixada acompanhou a questão bem de perto e pôde expedir a aprovação do acordo pelo Presidente na forma final no início desta semana.

Atenciosamente,
WALTER J. DONNELY

800.554/12-144

O Encarregado no Brasil (Donnelly)
para o Secretário de Estado

No. 189058

Rio de Janeiro, 1 de dezembro de 1944

[Recebido em 5 de janeiro de 1945]

Senhor: Tenho a honra de consultar a correspondência anterior sobre o acordo para o uso da borracha sintética pelas indústrias brasileiras da borracha e agora para transmitir cópias de uma troca de notas entre a Embaixada e o Ministério das Relações Exteriores do Brasil, reconhecendo formalmente as cláusulas do acordo entre a Rubber Development Corporation e a Comissão para o Controle dos Acordos de Washington.

Embora o decreto-lei que implementa este acordo ainda não tenha sido assinado, sabe-se que agora está no gabinete do Presidente e é provável que seja promulgado nesta semana.

Atenciosamente,

Para o encarregado;
Harold S. Tewell
Primeiro Secretário da Embaixada

Brasil
[Anexo]

O Encarregado americano no Brasil (Donnelly) para o
Ministro das Relações Exteriores do Brasil (Leão Velloso)

Rio de Janeiro, 22 de dezembro de 1944

No. 2352

Excelência: Tenho a honra de informar Sua Excelência de que meu Governo concorda com as cláusulas de sua nota nesta data e considera o acordo completado pela troca dessas notas de acordo com os termos abaixo:

O Governo dos Estados Unidos da América, considerando os acordos assinados entre nossos dois governos em 3 de março e 3 de outubro de 1942, referindo-se respectivamente à borracha natural e borracha manufaturada, e considerando que, na emergência atual, a borracha natural continua a ser de excelente necessidade para a indústria civil e de guerra das Nações Unidas e desejando, por outro lado, enfatizar o espírito mútuo da cooperação e assistência, que prevaleceu na solução dos problemas relacionados a esses materiais estratégicos, como a borracha, concorda com as seguintes modificações no acordo acima mencionado de 3 de outubro de 1942, de acordo com a decisão entre a Comissão de Controle dos Acordos de Washington e a Rubber Development Corporation, sucessora da Rubber Reserve Company.

I. O Governo do Brasil se responsabiliza em permitir a importação dos EUA de borracha sintética, e outros produtos plásticos, que tenham propriedades e uso similares, sem direitos aduaneiros, impostos de previdência social e toda e qualquer liberação de taxas e cobranças e para permitir o uso na indústria nacional, na proporção necessária para atender os termos do presente acordo, sem alterar o regime fiscal que dá às fábricas de produtos de borracha a isenção de impostos para importação de outras matérias-primas utilizadas.

M

II. O Governo Brasileiro se responsabiliza em ocasionar, assim que possível, a máxima redução praticável no consumo da borracha bruta natural no país abaixo da quota anual atual de 8.500 toneladas e para promover o uso máximo da borracha regenerada e também a sintética e outros produtos de plástico de natureza similar.

III. Para realizar esses entendimentos, o Governo Brasileiro assume a responsabilidade de estabelecer, o mais rápido possível, a adoção dos fabricantes de pneus e tubos dos métodos de manufatura usados nos EUA, conhecidos como S-5 ou S-7 em que há uso de aproximadamente 35% de borracha sintética ou outros produtos plásticos de uma natureza similar em substituição da borracha bruta natural. Os dados técnicos necessários para a adoção dos processos acima mencionados devem ser fornecidos gratuitamente pela Rubber Development Corporation à indústria brasileira de produtos de borracha pela Comissão de Controle dos Acordos de Washington.

IV. O Governo Brasileiro tem a responsabilidade de evitar a reexportação de qualquer quantidade de sintéticos e de qualquer outro plástico de natureza semelhante fornecida ao Brasil, pelos EUA, pela intermediação da Rubber Development Corporation, em virtude deste acordo, a menos que esses plásticos tenham que ser transformados nos produtos manufaturados, com as cláusulas do acordo de 3 de outubro de 1942 entre o Brasil e os Estados Unidos.

V. A Rubber Development Corporation tem a responsabilidade de fornecer ao Brasil essa quantidade de borracha sintética, ou outro plástico de natureza simular, já que pode ser necessário executar os termos deste acordo, cuja quantidade tem que ser superior a 2.500 toneladas por ano, pelos preços de exportação F.O.B. nos EUA:

GR-S (Buna S) — US$0,36 (trinta e seis centavos) por lb. GR-S Especial — US$0,3 (trinta e seis centavos) por lb.

GR-M Neoprene — US$0,45 (quarenta e cinco centavos) por lb.

Os preços básicos definidos acima podem ser reduzidos, nesse caso, a Rubber Development Corporation deve firmar um acordo com a Comissão de Controle dos Acordos de Washington para definir um novo cronograma de preço.

VI. A Rubber Development Corporation, além dos pneus e tubos que é obrigada a comprar, de acordo com as cláusulas do acordo de 3 de outubro de 1942, concorda em comprar, durante o período estabelecido pelo acordo atual e em conformidade com os termos e as cláusulas de 3 de outubro de 1942, tais quantidades adicionais de pneus e tubos já que podem ficar disponíveis para exportação e podem ser produzidas por causa do uso de borracha sintética, ou de outros plásticos de natureza similar, na indústria desses produtos.

VII. A Rubber Development Corporation concorda com o aumento da quota de consumo total de 10.000 toneladas por ano, estabelecido pelo acordo de 3 de outubro de 1942, que pode resultar de:

a. — uso ilimitado de borracha regenerada; e

b. — uso de borracha sintética, ou outros plásticos de

natureza similar, de acordo com o plano e acordo aqui estabelecido, sendo estimado que, ao realizar as medidas acima, a capacidade de produção da indústria brasileira de produtos de borracha irá aumentar ao máximo; também se entende que todos os pneus e tubos fabricados no Brasil, durante o período especificado no atual acordo, em excesso das necessidades essenciais do país, figurado de acordo com os acordos de 3 de outubro de 1942, que não pode ser maior que 7.500 toneladas, devem ser vendidos aos EUA, de acordo com as cláusulas com o acordo de 3 de outubro de 1942 acima mencionado.

VIII. Para dar assistência técnica mais eficiência e praticável referente ao uso da borracha sintética, a Rubber Development Corporation se responsabiliza, mediante o entendimento com o...

832.654/12-2644

O Encarregado no Brasil (Donnelly)
para o Secretário de Estado
No. 19294

RIO DE JANEIRO, 26 de dezembro de 1944

[Recebido em 5 de janeiro de 1945]

Senhor, tenho a honra de consultar a correspondência anterior sobre o acordo para o uso da borracha sintética pelas indústrias brasileiras da borracha e não para transmitir cópias de uma troca de notas entre a Embaixada e o Ministério das Relações Exteriores do Brasil, reconhecendo formalmente as cláusulas do acordo entre a Rubber Development Corporation e a Comissão para o Controle dos Acordos de Washington.

Embora o decreto-lei que implementa este acordo ainda não tenha sido assinado, sabe-se que agora está no gabinete do Presidente e é provável que seja promulgado nesta semana.

Atenciosamente,
Para o encarregado Harold S. Tewell
Primeiro Secretário da Embaixada

Capítulo 15

A GUERRA TERMINA

ATÉ 1942, O NORTE DA ÁFRICA era protegido pelas Forças Aliadas. Com esta vitória, a ameaça do submarino alemão no Atlântico Sul chegou ao fim. Os navios da marinha mercante Real e dos EUA puderam se mover sem dificuldade pelo Atlântico Sul, mas, mais importante, os navios mercantes brasileiros puderam, novamente, se movimentar livremente do sul do Brasil até a costa e para a Bacia do Amazonas, sem sofrer ameaças de submarinos alemães. Os EUA continuaram a utilizar amplamente as bases aéreas na costa do nordeste do Brasil, mas, quando as Forças Aliadas controlaram o norte da África, essas bases tiveram um papel menos importante.

Não muito diferente do que aconteceu na guerra do Pacífico no final da Segunda Guerra Mundial, assim que a guerra terminou, os americanos deixaram Amazônia e o Brasil quase que imediatamente. Havia aqueles que pensavam que os acordos entre os EUA e o Brasil, com o início da guerra, iriam garantir que os Estados Unidos exigissem legitimidade na Bacia do Amazonas e possivelmente mais. Nada podia estar mais longe da verdade. Tratores abandonados no meio da floresta, navios inacabados nos estaleiros, estruturas de construções deixadas para trás nas margens dos rios. Aeroportos entregues aos trabalhadores brasileiros surpresos. Os americanos fugiram. Depois que os japoneses se renderam, em agosto de 1945, a borracha brasileira não interessava mais. Para aumentar o problema, a produção de borracha do Brasil nunca atingiu a tonelagem esperada de 35.000-50.000 toneladas por ano. Em 1943, o Brasil produziu 22.735 toneladas de borracha, das quais somente 10.931 foram exportadas para os EUA. O Brasil reservou as 11.804 toneladas restantes para consumo doméstico.[197] Utensílios, máquinas, caminhões, tratores, envios, equipamento de rádio para navios, a Rubber Development Corporation (RDC) vendeu tudo para o Banco de Crédito Brasileiro da borracha a preços reduzidos.

No interesse da propaganda, havia uma cerimônia oficial aqui e ali. Os trabalhadores americanos transmitiram o reconhecimento ao papel fundamental do Brasil no esforço de guerra. Um hospital construído e operado pela United States Rubber Development Corporation durante a guerra, em Manaus, foi transferido para o governo brasileiro. Além disso, Henry Ford, o magnata americano, anunciou o final de suas tentativas de racionar o látex no país. Ele desistiu das propriedades da Fordlândia e Belterra, nas margens do Rio Tapajós, no Pará.

Depois que a guerra terminou, o principal problema era o preço da borracha. Antes, havia a preocupação de que o derrotado Japão poderia introduzir a borracha sul-americana como praga e arruinar as plantações de borracha na Ásia, mas quando isso não se materializou e, novamente, a borracha asiática ficou disponível, essa borracha e a borracha sintética inundaram o mercado internacional com preço três vezes menor que o látex brasileiro. Novamente, a brutal queda da economia brasileira. O Brasil foi à Conferência Nacional da Borracha para decidir o que fazer. O principal problema era o preço, que poderia garantir a sobrevivência contra a concorrência, e essa não era mais a possibilidade.

Com a desmobilização das tropas americanas e o final da ditadura de Getúlio Vargas, o governo brasileiro encontrou o problema de milhares de homens anda na selva cortando as seringueiras, e outros 19 mil dependentes e o problema dos Soldados da Guerra. Em um editorial no *Jornal do Brasil*, do Rio de Janeiro, com título, "A tragédia dos soldados da borracha", que maldosamente acusa: "falsas promessas, domínio de mentiras, fantasias ousadas. Uma batalha sem glória". Os jornais diziam "23 mil pessoas apodrecendo na lama, sem pão, sem assistência médica ou remédio para tratar as febres fortes, a falta de vitaminas, o ataque dos parasitas". Uma crônica de Rubem Braga, reimpressa no jornal *O Acre*, denuncia: "a instabilidade que coloca em jogo centenas de brasileiros, pobres-diabos, sacrificados em uma luta de vaidade, ambições e política".

Em 28 de abril de 1948, houve um relatório final da Divisão de Desenvolvimento da Borracha do governo norte-americano, dizendo que, entre abril de 1942 e 30 de junho de 1947, os EUA pagaram US$ 1.041.161.099,45 pela borracha estrangeira comprada para o esforço da Segunda Guerra Mundial. Desse valor, US$ 40.081.328,65 foi pago ao Brasil pela borracha da Amazônia. Este relatório foi assinado por A. J. Hildrather, Assistente-Chefe. Abaixo segue uma cópia do relatório.

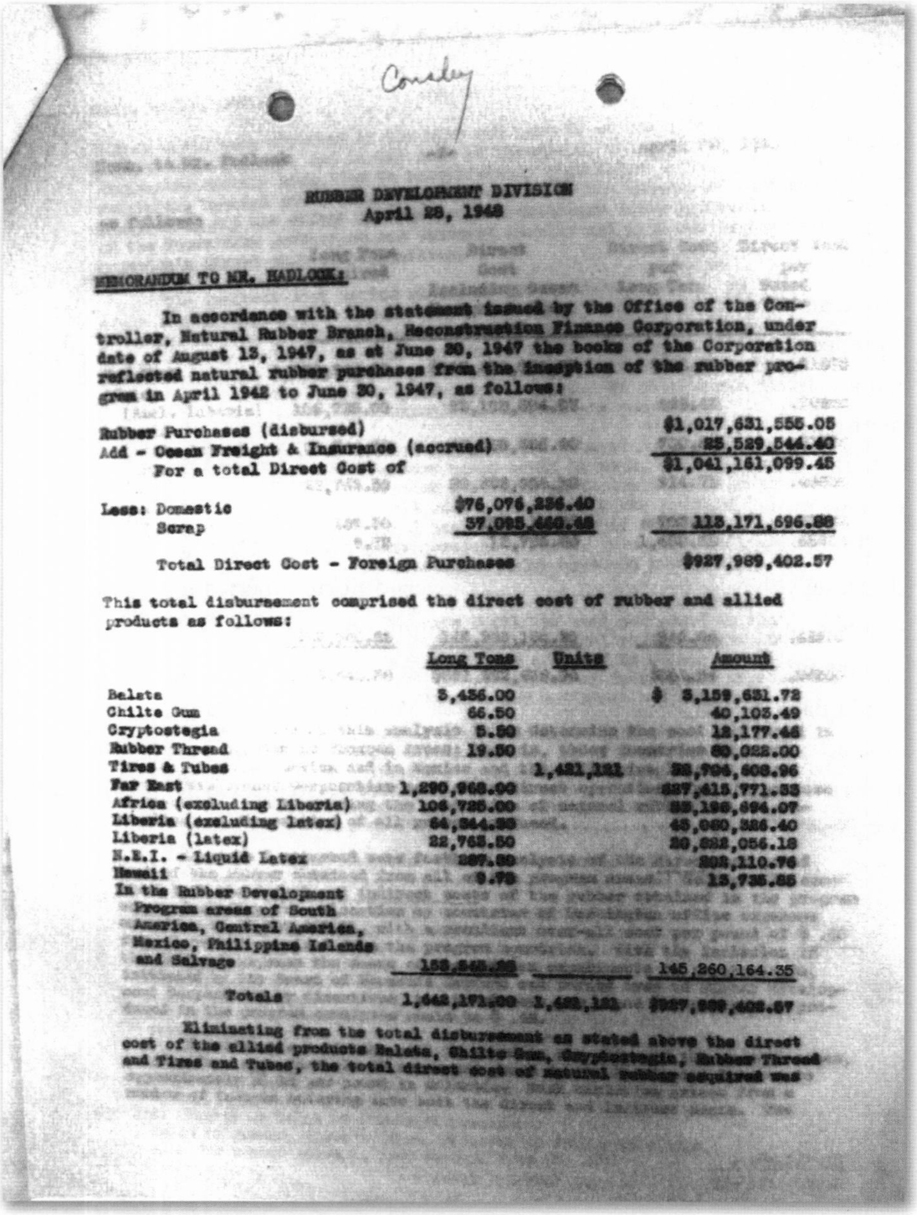

RUBBER DEVELOPMENT DIVISION
April 23, 1948

MEMORANDUM TO MR. HADLOCK:

In accordance with the statement issued by the Office of the Controller, Natural Rubber Branch, Reconstruction Finance Corporation, under date of August 13, 1947, as at June 30, 1947 the books of the Corporation reflected natural rubber purchases from the inception of the rubber program in April 1942 to June 30, 1947, as follows:

Rubber Purchases (disbursed)		$1,017,631,555.05
Add - Ocean Freight & Insurance (accrued)		23,529,544.40
For a total Direct Cost of		$1,041,161,099.45
Less: Domestic	$76,076,236.40	
Scrap	37,095,460.48	113,171,696.88
Total Direct Cost - Foreign Purchases		$927,989,402.57

This total disbursement comprised the direct cost of rubber and allied products as follows:

	Long Tons	Units	Amount
Balata	3,436.00		$ 3,159,631.72
Chilte Gum	66.50		40,103.49
Cryptostegia	5.50		12,177.46
Rubber Thread	19.50		80,022.00
Tires & Tubes		1,421,181	38,704,608.96
Far East	1,290,968.00		387,615,771.33
Africa (excluding Liberia)	106,725.00		85,196,694.07
Liberia (excluding latex)	64,344.30		45,060,336.40
Liberia (latex)	22,765.50		20,682,056.18
N.E.I. - Liquid Latex	237.80		203,110.76
Hawaii	0.70		13,735.65
In the Rubber Development Program areas of South America, Central America, Mexico, Philippine Islands and Salvage	153,545.82		145,260,164.35
Totals	1,642,171.00	1,421,181	$927,989,402.57

Eliminating from the total disbursement as stated above the direct cost of the allied products Balata, Chilte Gum, Cryptostegia, Rubber Thread and Tires and Tubes, the total direct cost of natural rubber acquired was

FIGURAS 53 –
Contabilidade final do
dinheiro pago ao Brasil
pelos Estados Unidos.

206

as follows:

	Long Tons Acquired	Direct Cost Including Ocean Freight & Ins. Accrued	Direct Cost per Long Ton	Direct Cost per Pound Cents
Far East	1,290,968.00	$627,415,771.33	$486.00	.21696
Africa (Excl. Liberia)	106,725.00	53,198,694.07	498.46	.22252
Liberia (Excl. latex)	64,344.50	45,080,326.40	700.60	.31276
Liberia (latex)	22,763.50	20,822,056.18	914.71	.40835
N.E.I. (Liquid Latex)	287.50	202,110.78	702.99	.31383
Hawaii	9.75	13,735.65	1,408.80	.62892
Program countries of South & Central America, Mexico, Philippine Islands & Salvage	155,545.25	145,260,166.35	946.06	.42234
Total	1,636,643.50	$891,992,858.94	$544.34	.24300

The objective of this analysis is to determine the cost per pound in those areas classed as Program Areas; that is, those countries in South America, Central America and in Mexico and the Philippine Islands where Rubber Development Corporation carried on direct operations for the purpose of developing and increasing the production of natural rubber and of controlling the disposition of all rubber produced.

Schedule I attached sets forth an analysis of the direct per pound cost of the rubber obtained from all of the program areas. Schedule II combined both the direct and indirect costs of the rubber obtained in the program areas, including the allocation by countries of Washington office expenses amounting to $9,390,256.91, with a resultant over-all cost per pound of $ .60 for all rubber obtained from the program countries. With the inclusion in the indirect expense the costs of the Haitian experiments on cryptostegia, initiated by the Board of Economic Warfare and turned over to Rubber Development Corporation by directives, the total cost per pound for all rubber produced in the program countries would be $ .62.

Considerable variation will be noted in the costs in the several areas, ranging from approximately 27 cents per pound in the Philippine Islands to approximately $1.14 per pound in Colombia. Such variation arises from a number of factors entering into both the direct and indirect costs. The

FIGURAS 54 – Contabilidade final do dinheiro pago ao Brasil pelos Estados Unidos.

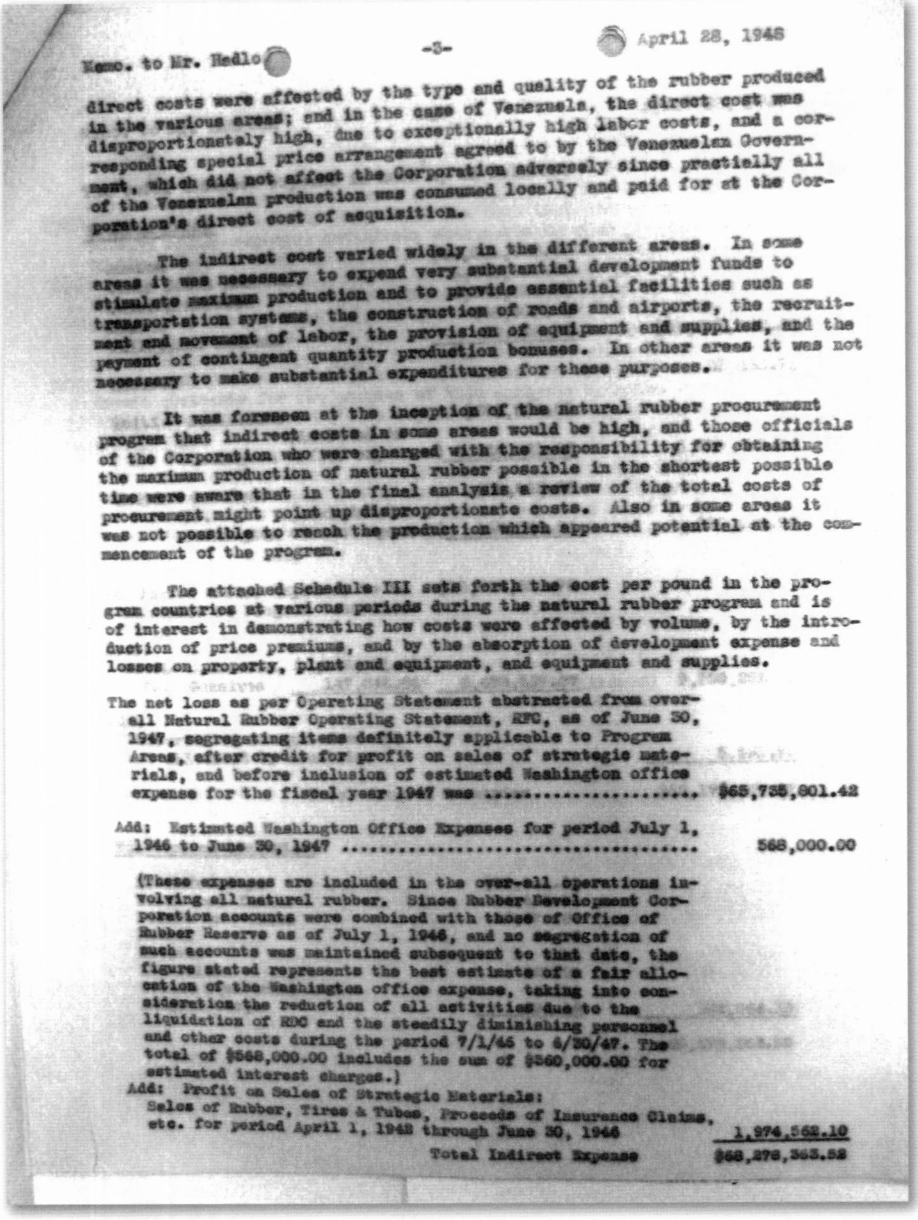

Memo. to Mr. Hedlo

direct costs were affected by the type and quality of the rubber produced in the various areas; and in the case of Venezuela, the direct cost was disproportionately high, due to exceptionally high labor costs, and a corresponding special price arrangement agreed to by the Venezuelan Government, which did not affect the Corporation adversely since practically all of the Venezuelan production was consumed locally and paid for at the Corporation's direct cost of acquisition.

The indirect cost varied widely in the different areas. In some areas it was necessary to expend very substantial development funds to stimulate maximum production and to provide essential facilities such as transportation systems, the construction of roads and airports, the recruitment and movement of labor, the provision of equipment and supplies, and the payment of contingent quantity production bonuses. In other areas it was not necessary to make substantial expenditures for these purposes.

It was foreseen at the inception of the natural rubber procurement program that indirect costs in some areas would be high, and those officials of the Corporation who were charged with the responsibility for obtaining the maximum production of natural rubber possible in the shortest possible time were aware that in the final analysis a review of the total costs of procurement might point up disproportionate costs. Also in some areas it was not possible to reach the production which appeared potential at the commencement of the program.

The attached Schedule III sets forth the cost per pound in the program countries at various periods during the natural rubber program and is of interest in demonstrating how costs were affected by volume, by the introduction of price premiums, and by the absorption of development expense and losses on property, plant and equipment, and equipment and supplies.

The net loss as per Operating Statement abstracted from over-all Natural Rubber Operating Statement, RFC, as of June 30, 1947, segregating items definitely applicable to Program Areas, after credit for profit on sales of strategic materials, and before inclusion of estimated Washington office expense for the fiscal year 1947 was	$65,735,801.42
Add: Estimated Washington Office Expenses for period July 1, 1946 to June 30, 1947	568,000.00

(These expenses are included in the over-all operations involving all natural rubber. Since Rubber Development Corporation accounts were combined with those of Office of Rubber Reserve as of July 1, 1946, and no segregation of such accounts was maintained subsequent to that date, the figure stated represents the best estimate of a fair allocation of the Washington office expense, taking into consideration the reduction of all activities due to the liquidation of RDC and the steadily diminishing personnel and other costs during the period 7/1/46 to 6/30/47. The total of $568,000.00 includes the sum of $560,000.00 for estimated interest charges.)

Add: Profit on Sales of Strategic Materials: Sales of Rubber, Tires & Tubes, Proceeds of Insurance Claims, etc. for period April 1, 1942 through June 30, 1946	1,974,562.10
Total Indirect Expense	$68,278,363.52

FIGURAS 55 –
Contabilidade final do
dinheiro pago ao Brasil
pelos Estados Unidos.

Memo. to Mr. Hadlock — -4- — April 28, 1948

The total indirect expense is made up as follows:

Program Areas

Amazon	$40,081,328.65	
Other South America	6,439,360.08	
Central America	4,240,826.94	
Mexico	966,409.35	
Philippine Islands	93,524.83	$51,821,449.83
Liberia		31,483.71
Haiti - S.H.A.D.A.	$379,594.01	
Do. (included in Washington office expenses)	6,346,021.03	6,725,615.04
Haiti - Gonaives	$50,883.08	
Do. (included in Washington office expenses)	147,546.84	198,429.92

Washington Office Expenses to be allocated to Program Countries		$15,883,826.78	
Less:			
Haiti- S.H.A.D.A.	$6,346,021.03		
Do. Gonaives	147,546.84	6,493,567.87	9,390,258.91
Add:			
Unidentified charges from RFC not allocated by countries			6,561.96
Total Program Countries			$68,173,799.37

Non-Program Countries

British Malaya	$56,904.18	
Dutch East Indies	24,625.14	
French Indo-China	22,372.30	
Hawaii	22.27	
Batavia	4.91	
Australia	327.30	
French Equatorial Africa	16.91	
Belgian Congo	291.14	104,564.15
		$68,278,363.52

FIGURAS 56 – Contabilidade final do dinheiro pago ao Brasil pelos Estados Unidos.

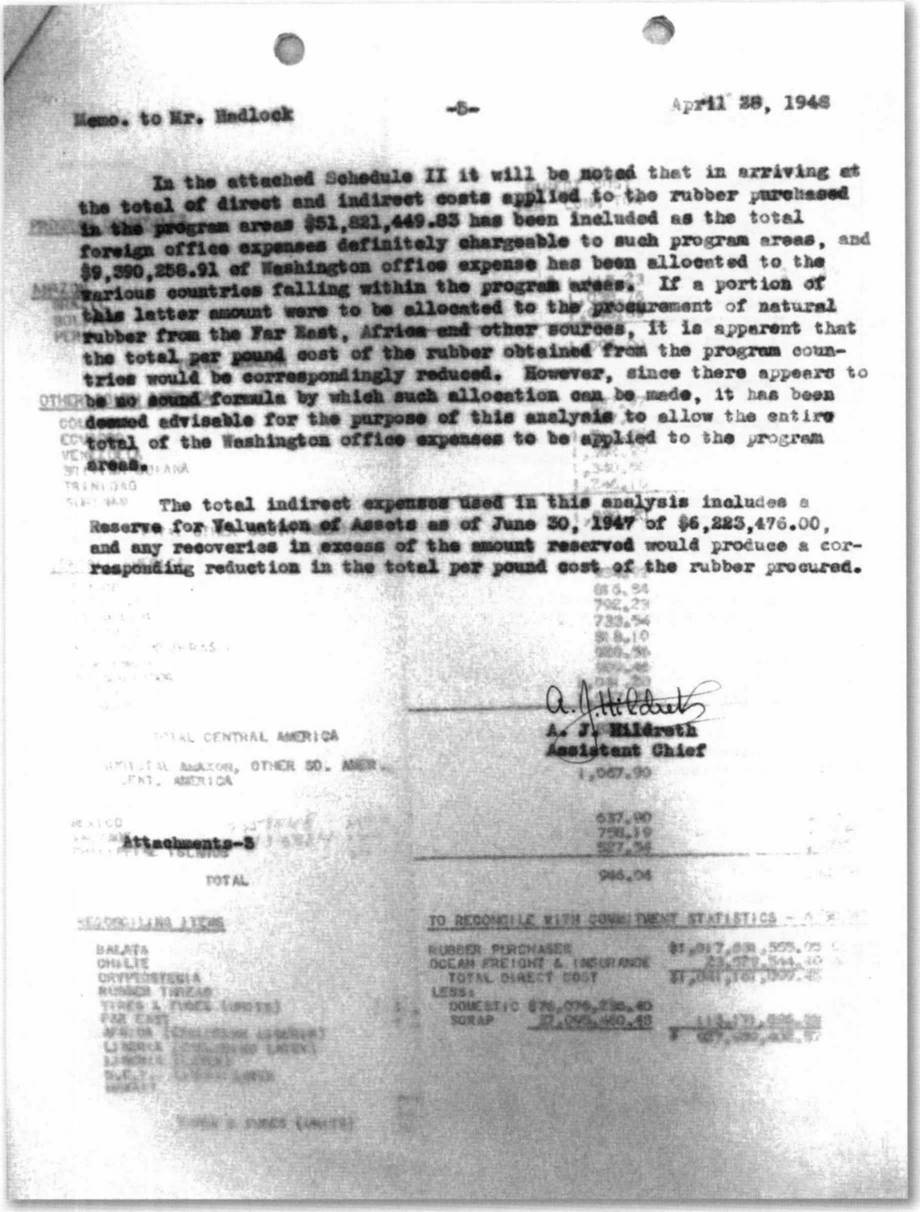

Memo. to Mr. Hadlock -5- April 28, 1948

In the attached Schedule II it will be noted that in arriving at the total of direct and indirect costs applied to the rubber purchased in the program areas $51,821,449.83 has been included as the total foreign office expenses definitely chargeable to such program areas, and $9,390,258.91 of Washington office expense has been allocated to the various countries falling within the program areas. If a portion of this latter amount were to be allocated to the procurement of natural rubber from the Far East, Africa and other sources, it is apparent that the total per pound cost of the rubber obtained from the program countries would be correspondingly reduced. However, since there appears to be no sound formula by which such allocation can be made, it has been deemed advisable for the purpose of this analysis to allow the entire total of the Washington office expenses to be applied to the program areas.

The total indirect expenses used in this analysis includes a Reserve for Valuation of Assets as of June 30, 1947 of $6,223,476.00, and any recoveries in excess of the amount reserved would produce a corresponding reduction in the total per pound cost of the rubber procured.

A. J. Hildreth
Assistant Chief

Attachments-3

FIGURAS 57 –
Contabilidade final do dinheiro pago ao Brasil pelos Estados Unidos.

Sr. William E. Simons, 125
East Elder Street, South
Bend, Indiana

24 de novembro de 1947.

Departamento de Estado
Washington DC

Cavalheiros:

Indo direto ao ponto, quero saber se a declaração abaixo feita pelo pastor da Igreja Metodista da Graça desta cidade. Sou membro desta igreja e sou democrata. Ele é republicano, como uma grande porcentagem de Ministros Metodistas aqui no Norte.

Aqui está a declaração feita no púlpito:

"Antes do final da Segunda Guerra Mundial, o Governo patrocinou o envio de 18.000 homens para as plantações de seringueira na América do Sul para trabalhar nas grandes empresas de borracha. DEZESSETE MIL DESSE número MORRERAM sem atendimento médico e nada foi dito."

Essa expedição foi enviada?

Em caso positivo, por quem e qual autoridade? Qual é a verdade da sua declaração?

Conversei com vários membros da igreja e alguns alto-oficiais e posso dizer que todos declararam que não é verdade.

Eu peço que me deem as informações e agradeço muito.

Atenciosamente
(assinado)
Walter E. Simons

Divisão de Desenvolvimento da Borracha

22 de dezembro de 1947

Sr. William E. Simons,
125 East Elder Street,
South Bend, Indiana

Caro Sr. Simons:

A referência é feita a sua carta de 18 de novembro de 1947, dirigida ao Departamento do Estado, com relação aos seringueiros na América do Sul, essa carta foi enviada para este escritório para ter resposta.

A declaração feita pelo pastor da Igreja Metodista da Graça da sua cidade poderia ser interpretada como se este governo tivesse enviado 18.000 homens às plantações de seringueira na América do Sul, o que está errado.

A Rubber Development Corporation, um instrumento do governo norte-americano, ofereceu assistência financeira e técnica para o governo de vários países sul-americanos no interesse de comprar borracha natural para as necessidades de guerra. O governo não participou na distribuição dos seringueiros, nem esses trabalhadores foram enviados dos EUA para os territórios com seringueiras da América do Sul. A verdadeira mão de obra para a borracha natural, durante os programas da borracha do período de guerra, era realizada pelos habitantes dos países da América do Sul, pelo patrocínio e pela supervisão dos governos dos respectivos países.

A declaração feita pelo pastor da sua igreja provavelmente se refere a um movimento de grande escala dos trabalhadores brasileiros pela SENTA e SAVA, duas agências do governo brasileiro. A Rubber Development Corporation ofereceu assistência financeira para SENTA e SAVA para habilitar essas agências do governo brasileiro para oferecer transporte, alimentos, alojamento, salário-mínimo, saneamento, inspeção médica e auxílio para os trabalhadores que foram recrutados das áreas atingidas pela seca no Brasil para explorar as seringueiras do Vale do Amazonas. A responsabilidade da Rubber Development Corporation foi limitada totalmente a oferecer ajuda financeira para esses projetos, que estão totalmente sob controle e direção do Governo brasileiro.

O Governo brasileiro se responsabiliza em oferecer condições de trabalho de acordo com a lei trabalhista do Brasil e entende-se que aproximadamente 20.000 trabalhadores se mudaram para o território da borracha. O contrato com um trabalhador, desde que o governo brasileiro oferecesse:

1. Transporte, alojamento, cuidado médico e sanitário para o trabalhador.

2. Diretoria, cuidado médico, alimentos, educação e transporte do seu dependente

3. Assistência religiosa

4. Quota financeira para os dependentes.

5. Retorno ao ponto de origem, caso o trabalhador não pôde ser aproveitado.

Foi definido um fundo especial pelo governo brasileiro para transportar os trabalhadores e fornecer alimentos, cuidados médicos e farmacêuticos e, na finalização do projeto, o governo brasileiro entendeu que devia retornar esses trabalhadores ao ponto de origem. Este escritório não tem nenhuma estatística com relação à mortalidade desses trabalhadores que saíram da seca ou daqueles que continuaram.

Os técnicos americanos e outras pessoas, que foram enviados à América do Sul e Central para auxiliar as agências dos governos locais, voltaram com segurança a este país.

Será observado, a partir do acima citado, que o governo norte-americano, pela Rubber Development Corporation, ofereceu assistência financeira ao governo de certos países sul-americanos para aumentar os suprimentos disponíveis de borracha natural desses países, mas não tinham responsabilidade nem faziam nenhuma atividade nos países.

Atenciosamente, (assinado)
G.B. Hadock,
Diretor Executivo
Escritório da Rubber Reserve

SOBRE OS AUTORES

ROSE MAURINE NEELEMAN nasceu e estudou em Salt Lake City, Utah. Estudou na Universidade de Utah, formou-se em Belas--Artes e seu mestrado é em Educação Comunitária na Brigham Young University, em Provo, Utah. Seu projeto de mestrado em Educação da Comunidade na Bolívia resultou em uma bolsa em Educação Comunitária da Charles S. Mott Foundation para a América Latina, totalizando mais de um milhão e meio de dólares.

Rose deu uma aula popular, sem créditos, na Divisão de Extensão da Brigham Young University por mais de vinte anos para mais de 20.000 mulheres sobre casamento e relações familiares. Ela escreveu um livro a partir de suas anotações em aula, *Far above rubies* ("Além dos rubis"), publicado pela Brigham Young University Press.

Em 2007, a Universidade São Marcos, em São Paulo, publicou um livro de receitas brasileiras, *A taste of Brazil*, em inglês por Rose e Gary. O livro tem 168 receitas brasileiras favoritas de Rose e sua família, ela coletou e adaptou as medidas e os ingredientes para o padrão americano. Rose fala e escreve em português.

GARY JOHN NEELEMAN é de Salt Lake City, formado em Belas-Artes pela Universidade de Utah, com especialização em História e Jornalismo. Com vinte anos, viajou para o Brasil como missionário da Igreja de Jesus Cristo dos Santos dos Últimos Dias. Como missionário, no Brasil, Gary passou quase três anos em muitas áreas rurais do sul do Brasil e também trabalhou em São Paulo e no Rio de Janeiro.

Gary voltou aos EUA em maio de 1957 e casou-se com Rose Maurine Lewis, sua namorada dos tempos de colégio. Ele trabalhou na KSL Radio and Television e Deseret News em Salt

Lake City por 16 meses, enquanto terminava os estudos na Universidade de Utah. Ele aceitou um trabalho com a United Press International, e Gary, Rose e seu primeiro filho, John Raymond, voltaram ao Brasil, onde Gary trabalhou como correspondente internacional e também como diretor da agência da United Press International. O casal morou em SP e as responsabilidades de Gary o levaram para os quatro cantos desse imenso país. Como era um dos poucos jornalistas americanos que morava no Brasil naquela época e falava português fluentemente, ele cobriu alguns dos anos mais significativos da história política moderna do Brasil.

Ele relatou os regimes de três presidentes brasileiros, viajou com dignitários internacionais, como o Presidente Dwight D. Eisehnower, General Charles De Gaulle, os revolucionários Fidel Castro e Che Guevara e muitos outros líderes latino--americanos. Ele cobriu o golpe militar de 1964 no Brasil e recebeu a Medalha do Mérito pela Associação de Jornalistas Profissionais por sua "cobertura precisa e profissional" do golpe. No total, Gary trabalhou por 27 anos para a United Press International como repórter, chefe da agência e vice-presidente da UPI na América Latina. Em 1984, Gary foi coautor do romance *Farewell my South* ("Adeus, meu Sul") (Bantam Books), a história da migração dos Confederados para o Brasil, depois da Guerra Civil, em 1865.

Em 1985, Gary saiu da United Press International e foi para o Los Angeles Times Syndicate International, onde se tornou vice-presidente para desenvolvimento de produtos internacionais. Ele trabalhou no Los Angeles Times por 17 anos. Depois que se aposentou no LA Times, tornou-se consultor para o Washington Post Writers Group na América Latina, como parte da sua empresa de consultoria internacional, a Neeleman International.

Gary e Rose tiveram sete filhos, três deles com dupla nacionalidade (americana/brasileira), assim como vinte dos 34 netos do casal.

Gary e Rose moram em Sandy, Utah. Atualmente, Gary é voluntário como Cônsul Honorário Brasileiro no estado de Utah nos últimos 10 anos.

GLOSSÁRIO

Anta – mamífero peludo, do tamanho de um porco, que parece um cruzamento entre um porco e um elefante.

Arigós – homens rudes, trabalhadores.

Aviadores ou Intermediários – que forneceriam alimentos e suplementos aos seringueiros em um sistema de crédito e débito e, depois, vendiam a borracha para empresas estrangeiras.

Barracão – abrigo dos seringalistas (*schack*).

Caboclos – mistura de um nordestino e um índio amazonense.

Cachaça – bebida feita de cana-de-açúcar.

CAETA – Comissão Administrativa de Encaminhamento de Trabalhadores para a Amazônia. Facilitava o transporte de famílias para as plantações de seringueiras.

Capoeira – arte afro-brasileira que combina elementos de artes marciais, música e dança.

Cearense – originário do estado do Ceará.

Cruzeiro – moeda brasileira da época.

CTA – Centro dos Trabalhadores da Amazônia.

DIP – Departamento de Imprensa e Propaganda.

Elite da Borracha – proprietários de grandes plantações de seringueiras.

Faca Jebond – produzida de acordo com facão para extrair borracha na Ásia.

Favela – bairro pobre.

Flagelados – trabalhadores itinerantes.

Forró – festa com dança típica do Nordeste para homens solteiros.

Lampião – Virgulino Ferreira da Silva, líder cangaceiro. O Jesse James do Nordeste brasileiro.

Ligas Camponesas – organizações sociais do Nordeste do Brasil (*Peasant Leagues*).

Manaós – antiga tribo indígena da região de Manaus/Amazonas.

Mapinguari – figura folclórica vermelha enorme que parece um animal.

RDC – U.S. Rubber Development Corporation (Empresa de Desenvolvimento da Borracha).

Rubber Reserve Company – uma agência do Governo norte--americano.

Saudades – estado emocional profundo de quem sente falta de algo ou de alguém que ama.

SEMTA – organização brasileira para a mobilização de trabalhadores dos seringueiros da Amazônia.

Seringueiro – trabalhador que extrai o látex da seringueira, e com ele prepara a borracha.

Sertanejo – quem vive no Sertão.

Sertão – interior da região Nordeste do Brasil.

SESP – Serviço Especial de Saúde Pública, organização que trabalha para melhorar a saúde dos seringueiros.

SNAPP – Em 1940, o governo federal fez uma intervenção para acabar com os subsídios e criou uma empresa de envio estatal, o Serviço de Navegação e Administração dos Portos do Pará. O SNAPP tinha 52 embarcações, incluindo navios para oceano, barcos fluviais, rebocadores e barcos a motor no inventário de 1940. Boa parte da frota era antiquada, com embarcações que ainda queimavam madeira como combustível. A Corporação de Desenvolvimento da Borracha dos EUA (RDC) colaborou com o SNAPP para transportar os soldados da borracha e suprimentos para as propriedades. A RDC ajudou a modernizar o SNAPP ao fornecer navios e embarcações fluviais de ponta; oferecendo mecânicos, soldadores e eletricistas especialistas para treinar técnicos brasileiros e entregar carvão e outro combustível em Belém a preços fixos e subsidiados.

REFERÊNCIAS

ARAÚJO, Ariadne. *O povo*. Trans. Andrew Moura. [Fortaleza, Ceará] 21 de julho de 1998.

CORRÊA, Luiz De Miranda. *A borracha da Amazônia e a II Guerra Mundial.* Manaus: Edições Governo do Estado do Amazonas, 1967.

DAVIS, Wade. *One river*: explorations and discoveries in the Amazon Rain Forest. New York: Touchstone, 1997.

GRANDIN, Greg. *Fordlandia*. Copyright@ 2009 by Greg Grandin.

HARRISON, John R. *Fairwing* – Brazil tales of the South Atlantic. Hockessin, DE: John R. Harrison, 2011.

JACKSON, Joe. *The thief at the end of the world*: rubber, power, and the seeds of empire. New York: Viking, 2008.

MCCANN, Frank D. *The brazilian-american alliance, 1937-1945.* Princeton: Princeton UP, 1974.

MORALES, Lúcia Arrais. *Vai e vem, vira e volta*: as rotas dos soldados da borracha. Fortaleza, Brasil: Governo do Estado do Ceará, Secretaria da Cultura e Desporto, 2002.

National Archives Building (NAB). Acordos internacionais que não são tratados [57 Stat.] p. 1319. Produção da Borracha — Washington DC, 3 de março de 1942.

OLIVEIRA, Nilda Nazaré Pereira; NASCIMENTO, Benedicto Heloiz. *A economia da borracha na Amazônia sob o impacto dos acordos de Washington e da criação do Banco de Crédito da Borracha (1942-1950).* Tese – Universidade de São Paulo, 2001.

OLIVEIRA, Adélia Engracia de. The evidence for the nature of the process of indigenous deculturation and destabilization in the Brazilian Amazon in the last three hundred years: preliminary data. In: ROOSEVELT, Anna (ed.). *Amazonian indians from prehistory to the present*: anthropological perspectives. Tucson: University of Arizona Press, 1994: 93-119.

Relatório de John E. Wilde on Boca do Acre, september 1944, relatórios sobre viagens de campo na Área da Amazônia 1943-44, RDC, NARA, RG 234, Caixa 1.

SECRETO, Maria Verónica. *Soldados da borracha*: trabalhadores entre o Sertão e a Amazônia no Governo Vargas. São Paulo: Fundação Perseu Abramo, 2006.

S. Maurine McAshan, representante da Defense Supplies Corporation, agência de compras do Departmento do Comércio.

TULLY, John. The devil's milk – a social history of rubber. *Monthly Review Press*, 146 West 29th Street, Suite 6W, New York, NY, 10001.

VARGAS, Getúlio. *Discurso do Rio Amazonas*. Arquivo Getúlio Vargas. Manaus. 10 de outubro de 1940.

WALMSLEY, Walter. *Report on the Amazon Rubber Program*. Embaixada Norte-Americana, Rio de Janeiro ao Departamento de Estado RDC, NARA, RG 234, Box 28. 18 de outubro de 1943.

WEINSTEIN, Barbara Sue. *Prosperity without development*: the paraense elite and the Amazon rubber boom, 1850-1920. Stanford, CA: Stanford UP, 1982.

WILKINSON, Xenia Vunovic, M. A. *Tapping the Amazon for victory*: Brazil's "battle for rubber" of World War II. Diss. Georgetown University – Graduate School of Arts and Sciences of Georgetown University, Washington DC, 2009.

WIRTH, John D. *The politics of brazilian development, 1930-1954*. Stanford: University, 1970.

WOODMAN, Richard. *The Battle of the River Plate, a grand delusion*. Naval Institute Press, Annapolis, Maryland, D.C. 2008.

BIBLIOGRAFIA PARA INFORMAÇÕES ADICIONAIS

BANDEIRA, Moniz. *O Governador João Goulart*: as lutas sociais no Brasil 1961-1964. Brasília, DF: Editora UnB; Rio de Janeiro, RJ: Editora Revan, 2001.

BANDEIRA, Moniz. *Presença dos Estados Unidos no Brasil*. Rio de Janeiro: Civilização Brasileira, 2007.

GORDON, Lincoln. *Brazil's second chance*: en route toward the first world. Washington, D.C.: Brookings Institution Press, 2001.

MUYLAERT, Roberto. *1943*: Roosevelt e Vargas em Natal. São Paulo: Buzzola, 2012.

PARKER, Phyllis R. Austin: University of Texas Press, 1979.

TOTA, Antonio Pedro. *The seduction of Brazil* [electronic resource]: the americanization of Brazil during World War II. Austin: University of Texas Press, Teresa Lozano Long Institute of Latin American Studies, 2009. Traduzido do português, "não uma tradução exata da primeira edição de *O imperialismo sedutor*, publicado no Brasil em 2000. É baseado em um texto revisado pelo autor".

NOTAS FINAIS

[1] Neeleman, Gary; Neeleman, Rose. *Tracks in the Amazon*. Prefácio de Wade Davis. Salt Lake City: University of Utah Press, 2012.

[2] Davis, Wade. *One river: explorations and discoveries in the Amazon Rain Forest*. New York: Touchstone, 1997.

[3] Davis, Wade. *One river: explorations and discoveries in the Amazon Rain Forest*. New York: Touchstone, 1997.

[4] Vargas, Getúlio. *Discurso do Rio Amazonas*. Arquivo Getúlio Vargas. Manaus, 10 de outubro de 1940.

[5] Wirth, John D. *The politics of brazilian development, 1930-1954*. Stanford: University, 1970.

[6] Morales, Lúcia Arrais. *Vai e vem, vira e volta:* as rotas dos soldados da borracha. Fortaleza, Brasil: Governo do Estado do Ceará, Secretaria da Cultura e Desporto, 2002.

[7] Oliveira, Nilda Nazaré Pereira; Nascimento, Benedicto Heloiz. *A economia da borracha na Amazônia sob o impacto dos acordos de Washington e da criação do Banco de Crédito da Borracha (1942-1950)*. Tese – Universidade de São Paulo, 2001: 98.

[8] Oliveira, Nilda Nazaré Pereira; Nascimento, Benedicto Heloiz. *A economia da borracha na Amazônia sob o impacto dos acordos de Washington e da criação do Banco de Crédito da Borracha (1942-1950)*. Tese – Universidade de São Paulo, 2001: 109-110.

[9] Oliveira, Nilda Nazaré Pereira; Nascimento, Benedicto Heloiz. *A economia da borracha na Amazônia sob o impacto dos acordos de Washington e da criação do Banco de Crédito da Borracha (1942-1950)*. Tese – Universidade de São Paulo, 2001.

[10] Oliveira, Nilda Nazaré Pereira; Nascimento, Benedicto Heloiz. *A economia da borracha na Amazônia sob o impacto dos acordos de Washington e da criação do Banco de Crédito da Borracha (1942-1950)*. Tese – Universidade de São Paulo, 2001: 111-112.

[11] Davis, Wade. *One river: explorations and discoveries in the Amazon Rain Forest*. New York: Touchstone, 1997.

[12] Davis, Wade. *One river: explorations and discoveries in the Amazon Rain Forest*. New York: Touchstone, 1997.

[13] Davis, Wade. *One river: explorations and discoveries in the Amazon Rain Forest*. New York: Touchstone, 1997.

[14] Davis, Wade. *One river: explorations and discoveries in the Amazon Rain Forest*. New York: Touchstone, 1997.

[15] Jackson, Joe. *The thief at the end of the world:* rubber, power, and the seeds of empire. New York: Viking, 2008.

[16] Imagem in Creative Commons – Atribuições: Bundesarchiv, DVM 10 Bild-23-63-06 / CC-BY-SA.

[17] Imagem de domínio público – 2 de fevereiro de 1940 por Ensign Richard D. Sampson, USN.

[18] Wilkinson, Xenia Vunovic, M.A. *Tapping the Amazon for victory: Brazil's "battle for rubber" of World War II*. Diss. Georgetown University – Graduate School of Arts and Sciences of Georgetown University, Washington DC, 2009: 2.

[19] McCann, Frank D. *The brazilian-american alliance, 1937-1945*. Princeton: Princeton UP, 1974.

[20] McCann, Frank D. *The brazilian-american alliance, 1937-1945*. Princeton: Princeton UP, 1974: 216-220.

[21] McCann, Frank D. *The brazilian-american alliance, 1937-1945*. Princeton: Princeton UP, 1974: 275-277.

[22] Harrison, John R. *Fairwing* – Brazil tales of the South Atlantic. Hockessin, DE: John R. Harrison, 2011: 41.

[23] Harrison, John R. *Fairwing* – Brazil tales of the South Atlantic. Hockessin, DE: John R. Harrison, 2011: 13.

[24] Harrison, John R. *Fairwing* – Brazil tales of the South Atlantic. Hockessin, DE: John R. Harrison, 2011: 161.

[25] Harrison, John R. *Fairwing* – Brazil tales of the South Atlantic. Hockessin, DE: John R. Harrison, 2011: 162.

[26] McCann, Frank D. *The brazilian-american alliance, 1937-1945*. Princeton: Princeton UP, 1974: 258-259.

[27] Wells, Sumner. Carta ao Vice-Presidente Henry A. Wallace. 19 Mar. 1942. Memorandum.

[28] National Archives Building, Washington, DC (NAB).

[29] Não impresso.

[30] A Rubber Reserve Company era uma agência de compras da Agência Federal de Empréstimos até 24 de fevereiro de 1942, quando foi transformada em Departamento do Comércio.

[31] Registro Federal 511.

[32] National Archives Building (NAB). Acordos internacionais que não são tratados [57 Stat.] pág. 1319. Produção da Borracha — Washington DC, 3 de março de 1942.

[33] National Archives Building (NAB). Acordos internacionais que não são tratados [57 Stat.] pág. 1318. Produção da Borracha — Washington DC, 3 de março de 1942.

[34] National Archives Building (NAB). Acordos internacionais que não são tratados [57 Stat.] pág. 1321. Produção da Borracha — Washington DC, 3 de março de 1942.

[35] Corrêa, Luiz De Miranda. *A borracha da Amazônia e a II Guerra Mundial*. Manaus: Edições Governo Do Estado Do Amazonas, 1967. Conforme mencionado em Wilkinson, Xenia Vunovic, M.A. *Tapping the Amazon for Victory: Brazil's "Battle for Rubber" of World War II*. Diss. Georgetown University,

2009. Washington DC: Graduate School of Arts and Sciences Of Georgetown University, 2009.

[36] Wilkinson, Xenia Vunovic, M.A. *Tapping the Amazon for victory: Brazil's "battle for rubber" of World War II*. Diss. Georgetown University – Graduate School of Arts and Sciences of Georgetown University, Washington DC, 2009: 233.

[37] Carta de instruções para seringueiros individuais, CIAA, Família Rockefeller, NARA, pessoal, RG4, caixa 10, Pasta 78, RAC. Conforme indicado em: Wilkinson, Xenia Vunovic, M.A. *Tapping the Amazon for victory: Brazil's "battle for rubber" of World War II*. Diss. Georgetown University – Graduate School of Arts and Sciences of Georgetown University, Washington DC, 2009.

[38] Carta de Wells a Caffery, 19 de fevereiro de 1942, RG 59, Box 4517. Conforme mencionado em: Wilkinson, Xenia Vunovic, M.A. *Tapping the Amazon for victory: Brazil's "battle for rubber" of World War II*. Diss. Georgetown University, 2009. Washington DC: Graduate School of Arts and Sciences of Georgetown University, 2009.

[39] Viagem de pesquisa pelos técnicos de campo Bruce V. Worth e John D. O'Neill, 3 de dezembro de 1942-3 de março de 1943. Relatórios sobre a viagem de campo na Área da Amazônia 1943-1944, RDC, NARA, RG 234, Caixa 1.

[40] Wilkinson, Xenia Vunovic, M.A. *Tapping the Amazon for victory: Brazil's "battle for rubber" of World War II*. Diss. Georgetown University – Graduate School of Arts and Sciences of Georgetown University, Washington DC, 2009.

[41] Weinstein, Barbara Sue. *Prosperity without development: the paraense elite and the Amazon rubber boom, 1850-1920*. Stanford, CA: Stanford UP, 1982.

[42] Relatório de John E. Wilde on Boca do Acre, September 1944, Relatórios sobre viagens de campo na Área da Amazônia 1943-44, RDC, NARA, RG 234, Caixa 1.

[43] Foreign Relations, 1942, vol. V, p. 692, National Archive Building, Washington, DC (NAB).

[44] National Archives Building (NAB). Acordos internacionais que não são tratados [57 Stat.] p. 1319. Produção da Borracha — Washington DC, 3 de março de 1942.

[45] Davis, Wade. *One river:* explorations and discoveries in the Amazon Rain Forest. New York: Touchstone, 1997: 334.

[46] Trabalhadores no Vale do Amazonas, 25 de outubro de 1940. Divisão as Repúblicas Americanas, Departamento do Estado, NARA, RG 84, caixa 9.

[47] Produção de borracha no Vale do Amazonas, 14 de outubro de 1940, Embaixada dos EUA, Rio de Janeiro, NARA, RG 84, caixa 9.

[48] Morales, Lúcia Arrais. *Vai e vem, vira e volta:* as rotas dos soldados da borracha. Fortaleza, Brasil: Governo do Estado do Ceará, Secretaria da Cultura E Desporto, 2002: 269-270.

[49] Wilkinson, Xenia Vunovic, M.A. *Tapping the Amazon for victory: Brazil's "battle for rubber" of World War II.* Diss. Georgetown University, 2009. Washington DC: Graduate School of Arts and Sciences of Georgetown University, 2009: 6-7.

[50] Walmsley, Walter. *Report on the Amazon Rubber Program.* Embaixada Norte-Americana, Rio de Janeiro ao Departamento de Estado RDC, NARA, RG 234, Box 28. 18 de outubro de 1943.

[51] Walmsley, Walter. *Report on the Amazon Rubber Program.* Embaixada Norte-Americana, Rio de Janeiro ao Departamento de Estado RDC, NARA, RG 234, Box 28. 18 de outubro de 1943.

[52] Araújo, Ariadne. *O povo.* Trans. Andrew Moura. [Fortaleza, Ceará] 21 de julho de 1998.

[53] Araújo, Ariadne. *O povo.* Trans. Andrew Moura. [Fortaleza, Ceará] 21 de julho de 1998.

[54] Araújo, Ariadne. *O povo.* Trans. Andrew Moura. [Fortaleza, Ceará] 21 de julho de 1998.

[55] Araújo, Ariadne. *O povo*. Trans. Andrew Moura. [Fortaleza, Ceará] 21 de julho de 1998.

[56] Araújo, Ariadne. *O povo*. Trans. Andrew Moura. [Fortaleza, Ceará] 21 de julho de 1998.

[57] Araújo, Ariadne. *O povo*. Trans. Andrew Moura. [Fortaleza, Ceará] 21 de julho de 1998.

[58] Araújo, Ariadne. *O povo*. Trans. Andrew Moura. [Fortaleza, Ceará] 21 de julho de 1998.

[59] Araújo, Ariadne. *O povo*. Trans. Andrew Moura. [Fortaleza, Ceará] 21 de julho de 1998.

[60] CAETA. "Relatório." Relatório Dez. 1945.

[61] Wilkinson, Xenia Vunovic, M.A. *Tapping the Amazon for victory: Brazil's "battle for rubber" of World War II*. Diss. Georgetown University – Graduate School of Arts and Sciences of Georgetown University, Washington DC, 2009: 185.

[62] Secreto, Maria Verónica. *Soldados da borracha*: trabalhadores entre o Sertão e a Amazônia no Governo Vargas. São Paulo: Fundação Perseu Abramo, 2006: 108-110.

[63] Wilkinson, Xenia Vunovic, M.A. *Tapping the Amazon for victory: Brazil's "battle for rubber" of World War II*. Diss. Georgetown University – Graduate School of Arts and Sciences of Georgetown University, Washington DC, 2009.

[64] Araújo, Ariadne. *O povo*. Trans. Andrew Moura. [Fortaleza, Ceará] 21 de julho de 1998.

[65] Araújo, Ariadne. *O povo*. Trans. Andrew Moura. [Fortaleza, Ceará] 21 de julho de 1998.

[66] Araújo, Ariadne. *O povo*. Trans. Andrew Moura. [Fortaleza, Ceará] 21 de julho de 1998.

[67] Araújo, Ariadne. *O povo*. Trans. Andrew Moura. [Fortaleza, Ceará] 21 de julho de 1998.

[68] Anta – mamífero peludo, do tamanho de um porco, que parece um cruzamento entre um porco e um elefante.

[69] Araújo, Ariadne. *O povo*. Trans. Andrew Moura. [Fortaleza, Ceará] 21 de julho de 1998.

[70] Brazil, Foreign Relations, 1942. Vol. V, p. 694, National Archives Building, Washington, DC (NAB).

[71] Brazil, Foreign Relations, 1942. Vol. V, p. 695, National Archives Building, Washington, DC, (NAB).

[72] Brazil, Foreign Relations, 1942. Vol. V. p. 695, National Archives Building, Washington, DC (NAB).

[73] Leonardo Truda, Diretor da seção de Exportação-Importação Seção do Banco do Brasil.

[74] Arthur de Souza Costa, Ministro das Finanças do Brasil, esteve em Washington organizando a compra de materiais de defesa.

[75] Brazil, Foreign Relations, 1942. Vol. V, p. 695, National Archives Building, Washington, DC (NAB).

[76] Não impresso.

[77] Não impresso.

[78] S. Maurine McAshan, representante da Defense Supplies Corporation, agência de compras do Departamento do Comércio.

[79] Brazil, Foreign Relations, 1942. Vol. V, p 696, National Archives Building, Washington, DC, (NAB).

[80] Brazil Foreign Relations, 1942. Vol. V, p. 697, National Archives Building, Washington, DC (NAB).

[81] Não impresso.

[82] Não impresso.

[83] Brazil Foreign Relations, 1942. Vol. V, p. 700, National Archives Building, Washington, DC (NAB).

[84] Thomas K. Finletter, Chefe Interino, Divisão de Materiais de Defesa.

[85] Arthur B. Newhall, Chefe, Seção de Borracha e Produtos de Borracha, Diretoria de Produção de Guerra.

[86] W.L.Clayton, Secretário-Assistente de Comércio.

[87] Howard J. Klossner, funcionário da Rubber Reserve Company.

[88] Não impresso.

[89] James C. Roberts, assistente do Presidente da Rubber Reserve Co.

[90] Não impresso.

[91] Araújo, Ariadne. O povo. Trans. Andrew Moura. [Fortaleza, Ceará] 21 de julho de 1998.

[92] Brazil, Foreign Relations, 1942, Volume V, p. 701, National Archive Building, Washington, DC, (NAB).

[93] Brazil, Foreign Relations, 1942, Volume V, p. 702, National Archives Building, Washington, DC, (NAB).

[94] Valentim Boucas, responsável por todas as questões referentes à borracha no escritório brasileiro do Coordenador de Mobilização Econômica.

[95] Veja o telegrama n° 640, 13 de março, 7 p.m., para o Embaixador do Brasil, p. 692.

[96] Série de Acordos Executivos do Departamento de Estado n° 371 ou 57 decl. (pt. 2) 1318.

[97] Brazil, Foreign Relations, 1942, Volume V, page 703, National Archives Building, Washington, DC (NAB).

[98] Não impresso.

[99] Não impresso. No telegrama, o Embaixador procurava explicação de certos pontos no acordo da borracha de 3 de março (811.20 Defesa (M) Brazil/538). National Archives Building, Washington, DC (NAB).

[100] Brazil, Foreign Relations, 1942, Volume V, p. 703, National Archives Building, Washington, DC (NAB).

[101] Não impresso.

[102] Brazil, Foreign Relations, 1942, Volume V, p. 704, National Archives Building, Washington, DC (NAB).

[103] 6 Registro Federal 6406.

[104] Não impresso.

[105] Não impresso.

[106] Oliveira, Nilda Nazaré Pereira; Nascimento, Benedicto Heloiz. *A economia da borracha na Amazônia sob o impacto dos acordos de Washington e da criação do Banco de Crédito da Borracha (1942-1950)*. Tese – Universidade de São Paulo, 2001: 85.

[107] Oliveira, Nilda Nazaré Pereira; Nascimento, Benedicto Heloiz. *A economia da borracha na Amazônia sob o impacto dos acordos de Washington e da criação do Banco de Crédito da Borracha (1942-1950)*. Tese – Universidade de São Paulo, 2001: 85.

[108] Banco de Crédito da Borracha. *Legislação*. Banco da Amazônia. Belém: Legislação, 1947: 4-5.

[109] Brazil, Foreign Relations, 1942, Volume V, p. 707, National Archives Building, Washington, DC (NAB).

[110] Wilkinson, Xenia Vunovic, M.A. *Tapping the Amazon for victory: Brazil's "battle for rubber" of World War II*. Diss. Georgetown University – Graduate School of Arts and Sciences of Georgetown University, Washington DC, 2009: 129.

[111] Brazil, Foreign Relations, National Archives Building, Washington, DC (NAB).

[112] Paul R. Hayes, Chefe, Divisão da Borracha, Conselho Administrativo do Combate Econômico.

[113] J.W. Bicknell, Vice-Presidente, Rubber Reserve Company.

[114] Creswell M. Micou, responsável pelos interesses do Conselho Administrativo do Combate Econômico no Rio de Janeiro.

[115] R.C. Cooke, funcionário da Rubber Reserve Company.

[116] Não encontrado nos arquivos do Departamento: para os termos do acordo, consulte o telegrama nº 1486, 1 de maio, 6 p.m., do Embaixador no Brasil, p. 700

[117] Não encontrado nos arquivos do Departamento.

[118] Veja o telegrama nº 640, 13 de março, 7 p.m., ao Embaixador do Brasil p. 692.

[119] Brazil, Foreign Relations, 1942, Volume V, p. 709, National Archives Building, Washington, DC (NAB).

[120] Não impresso.

[121] Telegrama nº 2855 não impresso.

[122] Impresso no Vol. VI, seção sob Colômbia chamada de "Negotiations of an agreement between the Rubber Reserve Columbia and Columbia for the purchase of Columbia's exportable surplus of rubber" (Negociações de um acordo entre a Rubber Reserve Columbia e Colômbia pela compra do excedente de borracha que pode ser exportado). National Archives Building, Washington, DC (NAB).

[123] Consulte a nota de rodapé 63.

[124] Não encontrado nos arquivos do Departamento.

[125] Para a correspondência sobre essas negociações, consulte o Vol. VI, Seção em México chamada "Agreements between the Rubber Reserve Company and Mexico…" (Acordos entre a Rubber Reserve Company e o México) National Archives Building, Washington, DC (NAB).

[126] Não impresso.

[127] Brazil, Foreign Relations, 1942, Volume V, p. 713, National Archives Building, Washington, DC (NAB).

[128] Não encontrado nos arquivos do Departamento.

[129] Organização estabelecida pelo Governo brasileiro para supervisar a produção e o despacho de mercadorias estratégicas aos Estados Unidos.

[130] Col. Royal B. Lord, Diretor-Assistente do Conselho Administrativo do Combate Econômico.

[131] John E. Peurifoy do escritório de Exportações do Hemisfério Americano, Departamento de Estado.

[132] Brazil, Foreign Relations, 1942, Volume V, p. 715, National Archives Building, Washington, DC (NAB).

[133] Brazil, Foreign Relations, 1942, Volume V, p. 715, National Archives Building, Washington, DC (NAB).

[134] Não encontrado nos arquivos do Departamento.

[135] Impresso no Vol. VI, Seção em Colômbia chamado "Negotiations of an agreement between the Rubber Reserve Company and Colombia...." (Negociações de um acordo entre a Rubber Reserve Company e a Colômbia). 450858 - 62-46. National Archives Building, Washington, DC (NAB).

[136] Brazil, Foreign Relations, 1942, Volume V, p. 716, National Archives Building, Washington, DC (NAB).

[137] Robert Levy, do Conselho Administrativo do Combate Econômico.

[138] Oswald Aranha e Artur de Souza Costa respectivamente.

[139] No telegrama n° 2563, 3 de setembro de 1942, 10 p.m. (não impresso), o Departamento transmitiu a resposta da Rubber Reserve Company (811-20 Defesa (M) Brasil/1182.apter). National Archives Building, Washington, DC (NAB).

[140] *History of the office of the coordinator of inter-american affairs*. Washington, D.C.: Governo Norte-Americano Impressão, 1947: 127-31.

[141] Corrêa, Luiz De Miranda. *A borracha da Amazônia e a II Guerra Mundial*. Manaus: Edições Govêrno do Estado do Amazonas, 1967.

[142] Brazil, Foreign Relations, 1942, Volume V, p. 717, National Archives Building, Washington, DC (NAB).

[143] Hani Jacob Korkegi, representante da Rubber Reserve Company no Brasil.

[144] Conselho Administrativo do Combate Econômico.

[145] Brazil, Foreign Relations, 1942, Volume V, p. 718, National Archives Building, Washington, DC (NAB).

[146] Não impresso.

[147] James A. Russell, funcionário da Rubber Reserve Company.

[148] Telegrama n° 2827 sem impressão; nele o Departamento recomendou várias alterações na fraseologia do acordo (811.20 (M) Brasil/1892). National Archives Building, Washington, DC (NAB).

[149] Cópias das trocas de notas de 3 de outubro de 1942, entre o Embaixador americano no Brasil e o Ministro de Relações Exteriores do Brasil, que constituíram o acordo transmitido ao Departamento pelo Embaixador, em seu despacho n° 8678, 7 de outubro de 1942, não impresso. De acordo com os ternos, os EUA determinaram a distribuição dos pneus e tubos para as outras repúblicas americanas, e o Brasil determinou a parte que poderia fornecer e comunicou as distribuições para as outras repúblicas americanas. Foram usados os canais normais de comercialização. De acordo com este acordo, um formulário ratificado chegou em 30 de abril. De acordo com o último, as necessidades essenciais do Brasil, dos Estados Unidos, e as repúblicas americanas eram fornecidas por uma reserva de 10.000 toneladas de borracha bruta, das quais o Brasil tinha direito a 75% e do qual o Brasil também tinha o direito de adquirir quotas de outras repúblicas americanas para exportar. A Rubber Reserve Company comprava todos os tubos e pneus não

essenciais para consumo interno no Brasil. O Brasil concordou em interromper a fabricação de produtos não essenciais. Os EUA não podiam exportar para os vizinhos do Brasil. O Brasil se esforçou para ter um amplo uso de borracha regenerada e para os EUA fornecerem materiais essenciais para a fabricação da borracha. (811.20 Defesa (M) Brasil/1634).

[150] Brazil, Foreign Relations, 1942, Volume V, pág 719, National Archives Building, Washington, DC (NAB).

[151] Não impresso.

[152] Joaquim Pedro Salgado Filho.

[153] Adroaldo Junqueira Ayres.

[154] Em despacho nº 8652, 3 de outubro de 1942 não impresso. National Archives Building, Washington, DC (NAB).

[155] Brazil, Foreign Relations, 1942, Volume V, p. 720, National Archives Building, Washington, DC (NAB).

[156] Não impresso.

[157] Consulte a nota de rodapé 87.

[158] Brazil, Foreign Relations, 1942, Volume V, p. 721, National Archives Building, Washington, DC (NAB).

[159] Laurence Duggan, Assessor em Relações Políticas.

[160] Não impresso.

[161] Não impresso.

[162] Brazil, Foreign Relations, 1942, Volume V, p. 722, National Archives Building, Washington, DC (NAB).

[163] Não impresso.

[164] Brazil, Foreign Relations, 1942, Volume V, p. 723, National Archives Building, Washington, DC (NAB).

[165] Empresa industrial composta de uma considerável rede de companhias em vários países.

[166] Impresso no Vol. VI, Seção em Colômbia chamado "Negotiations of an agreement between the Rubber Reserve Company and Colombia...." (Negociações de um acordo entre a Rubber Reserve Company e a Colômbia...) National Archives Building, Washington, DC (NAB).

[167] Brazil, Foreign Relations, 1942, Volume V, p. 724, National Archives Building, Washington, DC (NAB).

[168] Não anexado à cópia de arquivo do memorando.

[169] Não impresso.

[170] Brazil, Foreign Relations, 1942, Volume V, p. 727, National Archives Building, Washington, DC (NAB).

[171] O acordo entre a Rubber Reserve Company e o SEMTA (organização brasileira para a mobilização de trabalho na Amazônia) estabeleceu, em reunião em Belém, Pará, 50.000 trabalhadores às custas da Rubber Reserve Company; o texto do acordo está citado no telegrama da Embaixada, 5334, de 15 de dezembro de 1942. Não impresso.

[172] Joao Alberto Lins de Barros, coordenador brasileiro da Mobilização Econômica.

[173] Brazil, Foreign Relations, 1942, Volume V, p. 728, National Archives Building, Washington, DC (NAB).

[174] Não impresso.

[175] Brazil, Foreign Relations, 1942, Volume V, p. 728, National Archives Building, Washington, DC (NAB).

[176] Brazil, Foreign Relations, 1942, Volume V, p. 729, National Archives Building, Washington, DC (NAB).

[177] Para a correspondência anterior, consulte: Brazil, Foreign Relations, 1942, Volume V, p. 64 F, National Archives Building, Washington, DC (NAB).

[178] Brazil, Foreign Relations, 1944, Volume VII, p. 603, National Archives Building, Washington, DC (NAB).

[179] S. Maurice Ashan, um dos diretores da Rubber Development Corporation.

[180] Douglas H. Ashton, Presidente, Rubber Development Corporation.

[181] Valentim Boucas, Diretor Executivo da Comissão Brasileira para o Controle dos Acordos de Washington.

[182] Para o texto do acordo, consulte o Acordo Executivo do Departamento de Estado.

[183] Comissão Administrativa do Encaminhamento de Trabalhadores para a Amazônia.

[184] Para um resumo, consulte: Brazil, Foreign Relations, 1942, Volume V, p. 727, nota de rodapé 3, National Archives Building, Washington, DC (NAB).

[185] Não impresso.

[186] Para um resumo de este acordo, consulte: Brazil, Foreign Relations, 1942, Volume V, p. 719, National Archives Building, Washington, DC (NAB).

[187] Este acordo parece ter sido formalizado por uma troca de notas e mencionado como a Emenda do Acordo da Borracha, de 8 de fevereiro de 1944.

[188] Brazil, Foreign Relations, 1944, Volume VII, p. 606, National Archives Building, Washington, DC (NAB).

[189] Este acordo parece ter sido formalizado por uma troca de notas e mencionado como a Emenda do Acordo da Borracha, de 8 de fevereiro de 1944.

[190] Diretoria da ACA. "Relatório". Manaus. Relatório, junho 1943-1944.

[191] Brazil, Foreign Relations, 1944, Volume VII, p. 607, National Archives Building, Washington, DC (NAB).

[192] Brazil, Foreign Relations, 1944, Volume VII, p. 609, National Archives Building, Washington, DC (NAB).

[193] Orion Sociedade Anônima Fábricas, fabricantes de vários produtos de borracha.

[194] Não impresso.

[195] Não impresso.

[196] Walter J. Donnelly.

[197] Dean, Warren. *Brazil and the struggle for rubber:* a study in environmental history. Cambridge [Cambridgeshire]: Cambridge UP, 1987: 170.